「反戦主義者なる事
通告申上げます」

反軍を唱えて消えた
結核医・末永敏事

Morinaga Ryo
森永 玲

花伝社

「反戦主義者なる事通告申上げます」——反軍を唱えて消えた結核医・末永敏事◆目次

終章 ————— 185

本書は、長崎新聞に二〇一六年六月一五日から一〇月六日にかけて連載された「反戦主義者なる事通告申上げます　消えた結核医末永敏事」（七八回）に修正、加筆を施したものである。本書には、同年二月の取材開始以降、連載終了後の二〇一七年五月までの取材内容が反映されている。文中で登場する証言者の肩書きは取材時点のものである。年齢は便宜上、各人の二〇一六年の満年齢とした。連載記事では故人の敬称を略しており、本書もそれに準じた。

序章

長崎県の島原半島・北有馬村今福《いまぶく》生まれの末永敏事《びんじ》（一八八七～一九四五年）という医学者がいて、世界の難敵だった結核を研究する先端にいたが、公然と反軍を唱え、敗戦のころ死んだという。そのまま世に知られることなく、年月のかなたに埋もれた。

末永敏事（「長崎医専第12回卒業記念アルバム」から）＝長崎大学附属図書館医学分館所蔵

末永敏事は二五歳で長崎医学専門学校を卒業。一九一四（大正三）年ごろ米国へ渡り、結核研究に携わった。国立国会図書館に所蔵される敏事の医学論文を、公益財団法人結核予防会（本部東京）の島尾忠男元会長（九二歳）に読んでもらった。

同会は、世界の結核予防の旗印「複十字」を日本で掲げ、研究や教育事業の中核となってきた。

医史にも詳しい島尾氏だが、敏事の名前は聞いたことがなかった。だが論文を読んで驚いたという。

「結核菌の抗酸性に関する研究」と邦題の付された博士論文（一九二七年）は長短八本の論文で構成される。

その主論文三本は基礎分野の研究。いずれも「B．SUYENAGA」名で当時、米医学専門誌に掲載されたり、米国結核予防会の年次大会で発表されたりしたものだった。それは当時三〇代の敏事が、この領域の先端にいたことを示している。

「大正期にそんな日本人がいたと初めて知った。結核の分野では他にいない以上、国際舞台に立った最初の日本人医学者だろう」と島尾氏は話す。

昭和の初め、医学論文を次々に発表し、凱旋《がいせん》といえる帰国を果たした敏事だが、奇妙なことに故郷の北有馬村で開業する道を選ぶ。

南島原市には今も、村医者だった四〇代初めの敏事を記憶する人がいる。実家の敷地に建てた医院の様子を覚えている人もいる。

やがて敏事は故郷を去り、流転し、茨城県の片隅で勤務医となった。

ときは日中開戦翌年の一九三八（昭和一三）年。近衛文麿内閣は、国民と物資を統制して戦争につぎ込む国家総動員法を施行した。

敏事も勅令に従い、医師に対する県の職業調査に応じた。だが彼が茨城県知事宛てに郵送したその申告内容は、当局を驚がくさせるものだった。

平素所信の自身の立場を明白に致すべきを感じ茲《ここ》に拙者《せっしゃ》が反戦主義者なる事及《および》軍務を拒絶する旨通告申上げます。

旧内務省資料「特高月報昭和十三年十月分」に残る敏事の申告の一部である。

彼はこう回答した直後、特別高等警察（特高）に逮捕される。五一歳のときだった。内心に秘めた反戦思想が当局に露見したのではない。国家総動員の手続きに沿って、わざわざ文書で、総動員に従わないという信条を届け出た。そんな敏事を「特高月報」は「故内村鑑三等の指導を受け今日まで信仰を続け」てきたキリスト者と見立て、憤慨した筆致でその罪状を記している。

内村鑑三（一八六一〜一九三〇年）は、聖書のみをよりどころとする無教会主義キリスト教の創始者で、明治から大正にかけ数々の行動と言論が日本社会に波紋を広げ、現代にまで影響力を放つ思想家だ。

非戦思想を唱えた内村と敏事は強い師弟関係にあったことを記録が示している。それにとどまらず敏事の周辺には、この時代に足跡を残した各界の人物が次々に現れる。

内村鑑三＝NPO法人今井館教友会提供

そんな人物たちと対照的に、彼は歴史から消し去られた。危険思想の〝国賊〟とされたから、国際的医学者としての栄光も握りつぶされたのか。

かといって、戦後に復活した共産党や宗教関係の戦時下抵抗者たちと並んでその名が記憶されることはなかった。従来の内村研究の中で敏事が重視されることもなかった。

史料は少なく、証言はもっと少ない。

それでも彼をめぐる乏しいが興味深い記録をつなぎ合わせると、戦争の時代だった日本で、国民病の克服を志し、侵略戦争を糾弾し、そのために破滅させられていく数奇で、ダイナミックで、そして孤独な生涯が浮かび上がる。

戦後七〇年あまりも忘れられていた悲劇の結核医の生きた断片を拾い集め、戦争へと向かう国家と、国民の抵抗を考える。

一章　米国へ

論　文

国立国会図書館には、末永敏事の論文が一〇本収蔵されている。

各論文の署名や編注の記述から、長崎医専を卒業後に渡米した敏事は最初シカゴで病理学を学び、途中で同じ中西部のシンシナティ大に移ったと推測される。

このうち「結核菌の抗酸性に関する研究」は三本連作の英語論文で、第一論文の要旨が一九一九（大正八）年に結核専門誌『アメリカン・レビュー・オブ・ツベルクローシス』に掲載されて以降、各要旨や本文が、同誌や米国結核予防会の学術集会で次々に発表されていく。

第三論文の署名は「B. SUYENAGA, M. D. Cincinnati」とある。結核予防会の島尾忠男元会長は「米国で学位を取り、シンシナティ大で研究職を得たのだろう」と推測する。

同氏によると、この論文は診断技術や治療法ではなく、結核菌の基本的な性質を調べようとした研究だという。

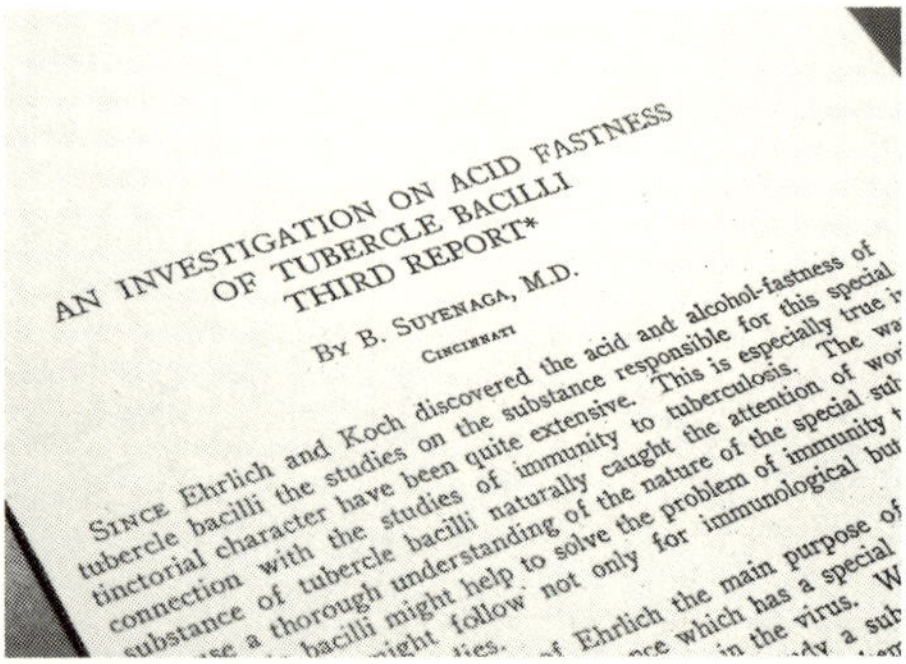

末永敏事英語論文＝国立国会図書館所蔵

細菌を顕微鏡で見るには染色が必須だが、結核菌は酸やアルカリなどによって染色されにくく、だがいったん染められると脱色しにくい性質（抗酸性）を持っている。敏事の論文は、この性質が若い結核菌にはないのではないかという着目で書かれている。

　だが島尾氏が注目するのは、米学会で発表された論文群ではなく、日本結核病学会の機関誌『結核』に掲載された日本語論文「抗佝《く》僂《る》病性要素欠乏ノ白鼠《しろねずみ》ノ実験的結核ニ及ボス影響」（一九二六年）だ。

　この論文の署名は、「北米シンシナチ大学医科細菌学及生物化学教室　末永敏事　アグネス・H・グラント　D・E・ステグマン」となっており、敏事が主導した研究のようだ。敏事は一九二〇年代中盤に帰国しており、米国時代で最終盤の仕事とみられる。

「抗佝僂病性要素」とはビタミンDを指す。ここで敏事は、ビタミンDの欠乏が結核にどんな影響となって表れるかについて、白ネズミのえさにカルシウム、少なめのカルシウム、ビタミンDが豊富な肝油、肝油酒と異なるものをそれぞれ混ぜて与える手法で探っている。

　これを島尾氏は「ビタミンDをテーマに、共同研究者と取り組んだ本格的な実験」と評価する。「当時、結核の臨床ではまだカルシウム注射が行われていた時代だったが、彼はこの論文でその無効性も言い切っている」

敏事は、発見されたばかりのビタミンDの高い効果にいち早く着目していた。一方で、カルシウム投与を続けていた日本の治療法をあえて比較対象とし、その差を述べた。

日本人のパイオニア

結核は、結核菌によって肺などの組織が破壊される感染症で、死に至る病として恐れられた。日本では明治の産業革命以降まん延し、国民病と呼ばれた。人口の増加と集中に伴い大流行する経過は各国共通であり、その克服は世界の課題だった。

一八八二年、ドイツでコッホが結核菌を発見。医学界はその診断技術と治療法をめぐる競争の時代に入る。敏事が米国で活動した一九一〇〜二〇年代は、まさにその渦中にあった。

研究の主流はドイツなど欧州だったが、米国医学界は第一次大戦（一九一四〜一八年）以降、国力の飛躍とともに欧州を急追する途上にあった。

結核は四〇年代になって有効な化学療法が開発された。これによって治療可能な病気になり、研究は新段階に入る。現代から振り返って読めば、敏事の研究は後世に直接貢献する仕事とはならなかった。

だが、島尾氏は「専門誌の査読を経て論文を載せ、米国結核予防会の舞台でも発表した。大正期に結核の分野で国際的な仕事をしたというのは驚異的な事実。パイオニアと呼んでいい」と話す。

敏事の存在は、日本人の結核研究の歴史からすっぽりと抜け落ちていた。島尾氏も敏事の名前は聞いたことがなかったというし、もちろん医学論文も初めて読んだ。

後年、その反軍言動で特別高等警察（特高）に逮捕、弾圧されたことで、それまでの

島尾忠男・元結核予防会会長＝長崎新聞社撮影

華々しい経歴も否定されたのか。あるいは、有効な化学療法が開発されて以降の研究史から振り返れば、重視されるほどの業績ではなかったからか。
だが、少なくとも大正期の日本人では、結核研究者として抜きん出た水準にいたのは確かで、その存在の全てが消滅させられていたのは、理不尽というほかない。
敏事の論文発表は、一九二〇年代後半までで途切れた。それ以降、医学研究の表舞台で活動した形跡はない。
ただ、一九三八（昭和一三）年までは医師として働いていたようだ。それを教えてくれたのは皮肉にも、思想犯を摘発する特高が残した記録だった。

異状の申告

旧内務省資料「特高月報昭和十三年十月分」に、末永敏事の名前がある。それは茨城県特高からの報告によるもので、「白十字会保養農園医師末松敏事当五十二年」の逮捕事実が書かれている。

医療関係者職業能力の申告に関し茨城県知事に対し次の如《ごと》き通告を為《な》せり。「医師職業能力申告の徴集勤務の療養所医師として入所の除隊兵及《および》兵士家族に必要の書類作成の如き事項に当面し平素所信の自身の立場を明白に致すべきを感じ茲《ここ》に拙者《せっしゃ》が反戦主義者なる事及軍務を拒絶する旨通告申上げます」。

結核研究者として米国で活躍していた時期から一〇年余り。特高月報によれば、敏事は茨城県鹿島郡の結核療養施設、白十字会保養農園の医師になっていた。

その罪状として、敏事が軍務を拒否するとした文書を知事に送り付けたことを挙げている。

茨城	白十字会保養農園医師 末松 敏事 当五十二年	医療関係者職業能力の申告に関し茨城県知事に対し次の如き通告を為せり。「医師職業能力申告の徴集勤務の療養所医師として入所の除隊兵及兵士家族に必要の書類作成の如き事項に当面し平素所信の自身の立場を明白に致すべきを感じ茲に拙者が反戦主義者なる事及軍務を拒絶する旨通告申上げます」。	所轄署に於て目下取調中

末永敏事の逮捕報告（復刻版「特高月報昭和十三年十月分」一四四頁）＝長崎県立長崎図書館所蔵

これによって一九三八（昭和一三）年一〇月、敏事は逮捕された。「末松」となっている名前は、次の報告書で「末永」と訂正される。

一九三七年に日中戦争が始まり、近衛文麿内閣は三八年、国家総動員法を施行した。国民の労働、物資の生産などを国が管理する本格的な統制経済の始まりだ。「戦時」の名の下に国力の結集が叫ばれ、個人や経済の自由は狭まった。

同法によって政府は、戦時に国民を徴用でき、国民の職業を把握できるようになった。これを受け一九三九年、国民徴用令と国民職業能力申告令が制定されたが、先立つ形で医師、歯科医師、薬剤師、看護婦に限定して「医療関係者職業能力申告令」（三八年）が出された。医師の場合、診療能力、学歴・職歴、総動員業務従事への支障の有無などを県知事に申告しなければならなかった。

敏事はその行政手続きに従った申告で、異状の文書を送り付けた。申告は同年一〇月四日付。敏事はその翌々日の六日、拘束された。

敏事はいつから、どんな反戦思想を抱いていたのか。なぜ反国家の行動に出たのか。それは医学者としての地位を捨ててまで起こさなければならなかったのか――。

これらを解く手掛かりを探るには、彼の生い立ちに戻らなければならない。

友と誓った医師への道

末永敏事《びんじ》は一八八七（明治二〇）年、島原半島の北有馬村今福《いまぶく》で生まれた。実家は代々の医家だった。

父道伯《どうはく》は自宅で私塾を開き、近所の子どもたちに漢学を教えた。

敏事の幼なじみに井村兼治《けんじ》という男児がいた。農家に生まれた兼治は、敏事より七歳年少だが、ともに道伯の教えを受けた。

兼治の息子、正治《しょうじ》（二〇一二年に九七歳で死去）は、父から伝えられた末永敏事の生い立ちを手記に残した。そこには、古里で交わされた少年同士の会話が記されている。

敏事は兼治にこう問い掛けた。

「俺は医者になるぞ。おまえはどうするか」

兼治は答えた。

「おまえが医者になるなら、俺は歯医者になる」

兼治は後年、敏事との約束を果たし、東京で歯科医となる。

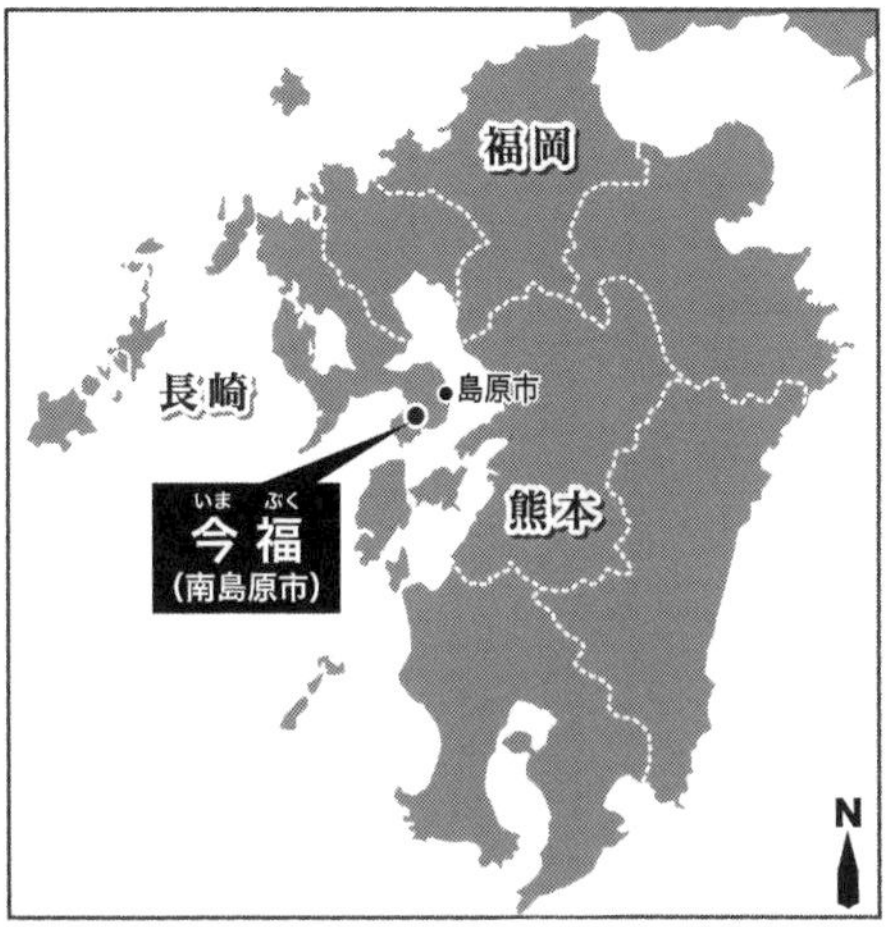

島原半島・今福の地図＝長崎新聞社・林田真理子作成

兼治の後を正治が継ぎ、さらにその息子三人も歯科医になった。

正治の次男で、新宿区北新宿で歯科医院を営む井村修治さん（六七歳）は「井村家は貧しく、末永家は医家。同じ集落だが格差は歴然だった。だが父正治によれば、祖父兼治と敏事は道伯氏のもとで漢文を学び、ともに『英俊』と呼ばれた。おそらく二人は親しかったのだろう」と話す。

「もちろん祖父は年長の敏事に敬意を持っていた。一方で、自分の貧しい境遇を打破しようと歯科医を目指したのだと思う」

一方の敏事は、長崎中に進んだが、中途退学し単身上京。一九〇六（明治三九）年、東京の青山学院中等科を卒業している。

これらを突き止めたのは、敏事の遠い親類に当たる末永等さん（七四歳）＝長崎市＝だ。二〇一四年七月、一族の集まりで敏事の存在を知り、弟の次利さん（七二歳）＝諫早市＝らとともに、その生涯を明らかにしようと調査を続けてきた。

長崎中の退学と青山学院中等科の卒業は、それぞれの学籍簿で確認した。この記録に従えば、敏事は一九〇一（明治三四）年ごろ、プロテスタント系の新興校だった青山学院に入学したと考えられる。

長崎で進学しても医師になるのは可能なのに、なぜ上京したのか。等さんは「もともと英語習得を目指していたのではないか」と推測する。

だが敏事の実家に一定の財力があったとしても、上京して私立中学に入るのは相当唐突だ。一方で後年、医師となって渡米し、結核研究で頭角を現した際、敏事はその抜群の英語力を武器とした。

昭和に入り、井村正治は敏事最晩年の重要な場面を目撃することになるが、それは後に回す。

内村鑑三と出会う

キリスト教思想家、内村鑑三（一八六一～一九三〇年）は、聖書のみをよりどころとする「無教会主義」を創始した。明治から大正にかけ、その数々の行動と言論は当時の日本社会に波紋を広げた。多くの著作、日記、書簡などを残したため、生涯の動向は比較的細かく分析されている。

札幌農学校時代にキリスト教に改宗した内村は、米国留学から帰国後、第一高等中学校の教師だった一八九一（明治二四）年、教育勅語奉読式で最敬礼しなかった「不敬事件」を起こし、社会問題化した。

約一〇年を経て東京の日刊紙「万朝報《よろずちょうほう》」に、キリスト者の立場で日露開戦に反対する論陣を張ったが、社内で少数派となり、幸徳秋水（大逆事件で一九一一年死刑）らとともに退社した。

一方、東京角筈《つのはず》の自宅で一九〇〇年前後から聖書研究会を始め、内村の周りに弟子が集まるようになる。そこには小山内薫、志賀直哉、有島武郎らも出入りした。

角筈聖書研究会々員　明治36年3月　内村家の前にて
(前列) 左から4人目, 黒木耕一, 8人目鈴木与平 (沢野迪太郎), (前列) 右から, 葛巻行孝, 一人おいて森本慶三, 一人おいて浅野猶三郎, (後列) 左から, 若林繁太郎, 山岸光宣, 山岸壬五, 小出満二, 大賀一郎, 志賀直哉, 中央, 内村鑑三, 同夫人しづ, 3人おいて蒲池春江, 石橋智信, (後列) 右から, 永井久録, 倉橋惣三, 小山内薫, 一人おいて田中龍夫.

内村鑑三主宰 1903 年の「角筈聖書研究会」集合写真＝ NPO 法人今井館教友会提供

参加者には、後に長崎高商教授となる武藤長蔵の名もある。武藤は古賀十二郎、永山時英とともに長崎学の「三羽烏《がらす》」と呼ばれることになる。

　末永は角筈時代よりの弟子であつて、医学者として米国に十年留学し信仰を守つて今日に至つた者である。

内村の一九二六（大正一五）年六月二日付の日記にこうある（『内村鑑三全集』三五巻）。

一九〇一（明治三四）年ごろ、北有馬村から一人上京し、青山学院中等科に入った敏事は、どう出会ったかは不明だが内村に引かれ、キリスト信徒になったとみられる。この時期は、内村が盛んに非戦を説いていたころに重なる。『内村鑑三全集』全四〇巻の編集に携わり、内村に関する多くの著作で知られる鈴木範久・立教大名誉教授（八一歳）によれば、初期の弟子は二十数人だったが、この時期の弟子たちの中に敏事の名前は見当たらない。このころ敏事は一〇代の学生だった。

一九〇三年の「角筈聖書研究会」の集合写真も、敏事が写っているかどうか判然としない。だが内村の晩年になると、日記や書簡に「末永敏事」の名前が登場してくる。

鈴木氏は「敏事は、最も初期から内村に直接師事していたと考えられるが、少年であって、重要な存在ではなかったということだろう。ただ、内村の記述から後年は相当濃い師弟関係になったと見ていい」と語る。

若くして内村と出会って以降、敏事の行動には師の強い影響がうかがえるようになる。

「戦争廃止論」

敏事は上京して間もなくキリスト教思想家内村鑑三に師事した。この前後の内村は、日本社会と〝格闘〟していた。

新聞「万朝報」記者として足尾銅山の鉱毒問題を世に問うた。広がり始めた社会主義思想には強い批判を加えた。一九〇三年六月には、「万朝報」に「戦争廃止論」を発表した。

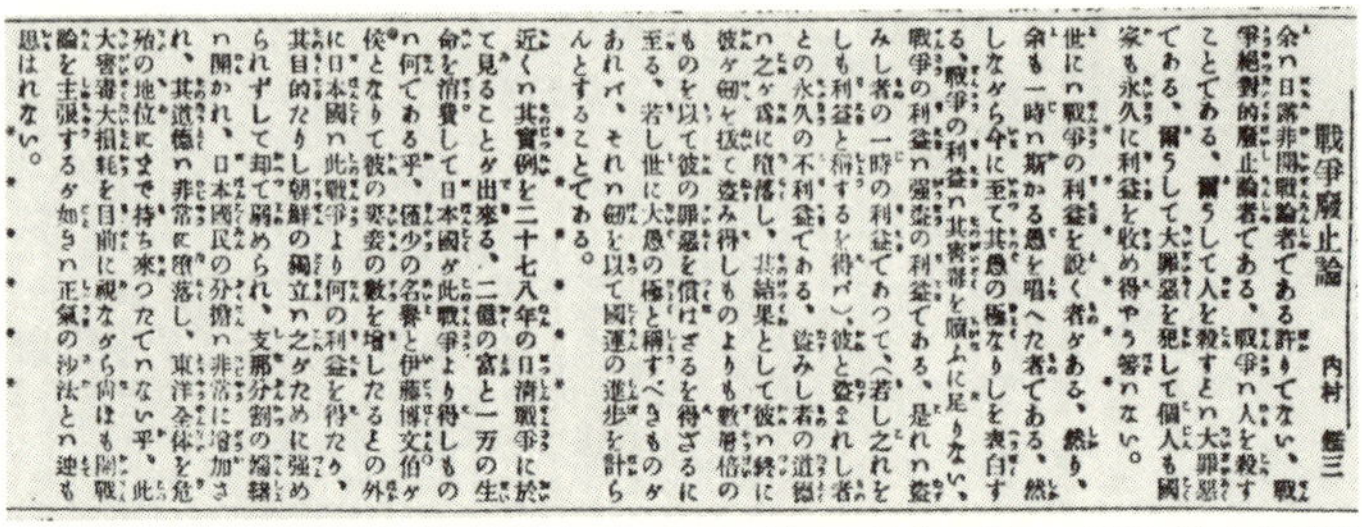
戰爭廢止論　内村鑑三

余は日露非開戰論者である許りでない、戰爭絶對的廢止論者である、戰爭は人を殺すことである、爾うして人を殺すことは大罪惡である、爾うして大罪惡を犯して個人も國家も永久に利益を收め得やう筈はない。

世には戰爭の利益を說く者がある、然り、余も一時は斯かる愚を唱へた者である、然しながら今に至て其愚の極なりしを表白する、戰爭の利益は其害毒を贖ふに足りない、戰爭の利益は强盜の利益である、是れは盜みし者の一時の利益であつて、（若し之れをしも利益と稱するを得ば）、彼と盜まれし者との永久の不利益である、盜みし者の道德は之が爲に墮落し、其結果として彼は終に彼が劍を拔て盜み得しものよりも數層倍のものを以て彼の罪惡を償はざるを得ざるに至る、若し世に大愚の極と稱すべきものがあれば、それは劍を以て國運の進歩を計らんとすることである。

近くは其實例を二十七八年の日淸戰爭に於て見ることが出來る、二億の富と一万の生命を消費して日本國が此戰爭より得しものは何である乎、僅少の名譽と伊藤博文伯が侯となりて彼の妻妾の數を增したることの外に日本國は此戰爭より何の利益を得たか、其目的たりし朝鮮の獨立は之がために强められずして却て弱められ、支那分割の端緒は開かれ、日本國民の分擔は非常に增加され、其道德は非常に墮落し、東洋全体を危殆の地位にまで持ち來つたではない乎、此大害毒大損耗を目前に視ながら尚ほも開戰論を主張するが如きは正氣の沙汰とは迚も思はれない。

内村鑑三「戦争廃止論」（「万朝報」1903年6月30日付から）＝NPO法人今井館教友会提供

余は日露非開戦論者である許《ばか》りでない、戦争絶対的廃止論者である、

こう始まる記事は、戦争は人を殺す大罪悪であり、自分が日清戦争を支持したのはおろかだったと述べ、「戦争の利益は其《その》害毒を贖《あがな》ふに足りない」と断じた。

日清戦争は巨額と人命を浪費したが、得たものはわずかだった。大義だった朝鮮の独立はむしろ遠のき、中国では分割の端緒が開かれた。日本国民の負担は増え、道徳は堕落し、東洋全体を危機に陥れた、などと論じた。

内村はこれを信仰の立場から書いたが、加えて、国威と国益を保ったという評価が大勢だった日清戦争を批判し、迫る日露開戦の不合理を訴えた。だが直後の一九〇四年、日露は開戦。翌年の戦勝に国内は沸き、内村の主張などかき消される。

しかし、戦争の不利益とアジアへの深刻な影響を見通して反戦を掲げる主張が、一九四五（昭和二〇）年の敗戦より四〇年以上前に、既になされていたことには驚きを禁じ得ない。

この論に影響され、徴兵拒否しようとする弟子も現れたが、内村はこれを諌《いさ》めた。だが、鈴木範久・立教大名誉教授は「内村の非戦の論理は、一貫していた」と言う。

鈴木氏は「内村は哲学的、宗教的にというだけでなく、実際の利害の面から戦争を否定した。第一次大戦（一九一四～一八年）も『文明のなれの果て』として批判した」と話す。

島原半島から一人上京し、信仰に出合った少年が、師の生き方そのものに感化されたとしても、そう不自然ではなかろう。敏事は生涯内村に師事した。在米時代の三〇歳前後で遭遇した第一次大戦に際しても、内村の論考を読み、影響を受けていたのかもしれない。

念願かなえるため帰郷

日露戦争直後の一九〇六（明治三九）年、敏事は青山学院中等科を卒業し、長崎に戻る。おそらくは幼少から志望した医師になるためであろう。

末永敏事＝長崎大学附属図書館医学分館所蔵

内村鑑三の教えに触れ、クリスチャンとなった一九歳の敏事にとって、師や仲間たちのいる東京を離れるのは心残りだっただろう。だが、数年後の父道伯の死で決定的となるが、末永家の家計は安泰でなく、敏事を支える財力は弱っていた。

さらに当時の状況を勘案すると、医師になるには、長崎へ帰郷するのが最も合理的だった。

医史に詳しい長崎県大村市立大村市民病院の森正孝医師（七三歳）によると、明治の制度では、東京帝大など一部の官立大の医学卒業証書があれば無試験で免状を得られた。それ以外の学生は医術開業試験に合格しないと免状を受けることができず、全国の医学校には制度への不満が強かった。

これを受け文部省は、指導陣や教則の完備、付属病院の教育機能といった要件を整えた医学校に対し、卒業生に無試験で免状を与える措置を追加。これを甲種医学校とし、それ以外を乙種とした。

つまり医師になるには、医学校卒業だけで免状を得るか、学校卒業と医術開業試験の両方をクリアするか、の二系統があったわけだ。その中で長崎医学専門学校は前者だった。森氏は「長崎医専は甲種であり、だから県内外から学生が集まった」と話す。

学力はあったが東京に残る財力はなく、古里に戻れば他県より容易に免状を得られるとすれば、敏事にとって、それが最も順当な選択であっただろう。

敏事の卒業は一九一二（大正元）年一〇月。

「長崎医学専門学校第十二回卒業記念」のアルバムに、敏事の肖像写真が載っている。卒業生は「医学生」「薬学生」合わせて一一六人。全員の肖像写真が載っている。敏事はこのとき二五歳。端正な顔立ち、詰め襟に坊主頭、薄いあごひげが見える。

結核研究の論文を書き始める直前の時期であり、もう国民病克服への志を携えていたことだ

長崎医専「謝恩会夜景」（「長崎医専第12回卒業記念アルバム」から）＝長崎大学附属図書館医学分館所蔵

ろう。このとき既に内村鑑三の薫陶を受けたキリスト者であり、時代に抗する強固な反戦思想を培う途上でもあっただろう。

卒業アルバム

卒業アルバムは、巻頭に「親しい哉崎陽《かなきよう》の地愛すべき哉浦陵松蔭《ほりょうしょういん》の学舎」と始まる序文と、当時の校長田代正の肖像、それに医専校舎の全景写真がある。

ページをめくると、白黒ではあるが多くの写真が掲載されている豪華な本だ。講義や実習の様子、学内の風景などから、明治末の医専の雰囲気が伝わってくる。

「謝恩会夜景」と説明書きの付いた一枚は、長い食卓に着席した卒業生たちが全員カメラの方を向いた集合写真になっている。天井に万国旗が見える。このころは国際主義が生きていたのだろう。

長崎医専の後身である長崎医科大は一九四五（昭和二〇）年八月九日の長崎原爆に遭った。場所は、現在の長崎大医学部（長崎市坂本一丁目）と同じ。医科大は壊滅し、多くの学生や教員が犠牲となった。収蔵図書は、疎開させていた資料を除き、ほぼ失われた。だから長崎大附属図書館医学分館が持っている古い資料は、戦後に寄贈されたものが多い。従って医専時代の卒業アルバムは全年度がそろっているわけではないという。

同大学術情報部の志波原《しばはら》智美主査は「この大正元年分も戦後の寄贈と推測されるが、寄贈者や時期ははっきりしない」という。刊行から一〇〇年を経たアルバムの傷みは激しい。だが、それは長崎大に残っていた。そして敏事の表情を現在に伝えてくれた。

アルバムの卒業生名簿は、「いろは順」で並んでいる。いろは四七文字は「あさきゆめみしゑひもせす」と終わる。「す」の末永敏事は「医学生の部」八四人の最後から二人目。「南高来郡北有馬村」という本籍地とともに、その名が記されている。

台湾へ

一九一二（大正元）年、長崎医専を卒業した新米医師末永敏事は台湾に渡った。

長崎の医史に詳しい大村市立大村市民病院の森正孝医師によると、当時、医専を出た医師の一部は、台湾で働くルートがあったという。

一八九五（明治二八）年、日清戦争の講和となった下関条約によって、台湾は日本に割譲された。日台の往来が盛んになり、医師もその例外ではなかった。

森氏は「長崎医専卒業後、台湾総督府に呼ばれて台北帝大や総督府の診療所で勤務した医師が多くいた。逆に台湾の若者が長崎医専や後の長崎医科大に入学するケースもあった」と話す。その意味では台北医院で働いた敏事は、長崎医専出身として平凡なスタートを切ったともいえる。

だが、敏事の関心は当初から結核にあった。一九一四（大正三）年、論文「萎黄病ノ二例」が『台湾医学会雑誌』一四六号に、一六年に「ピオルコウスキー氏亀結核菌製剤ノ治験」が同一五九号に掲載された。

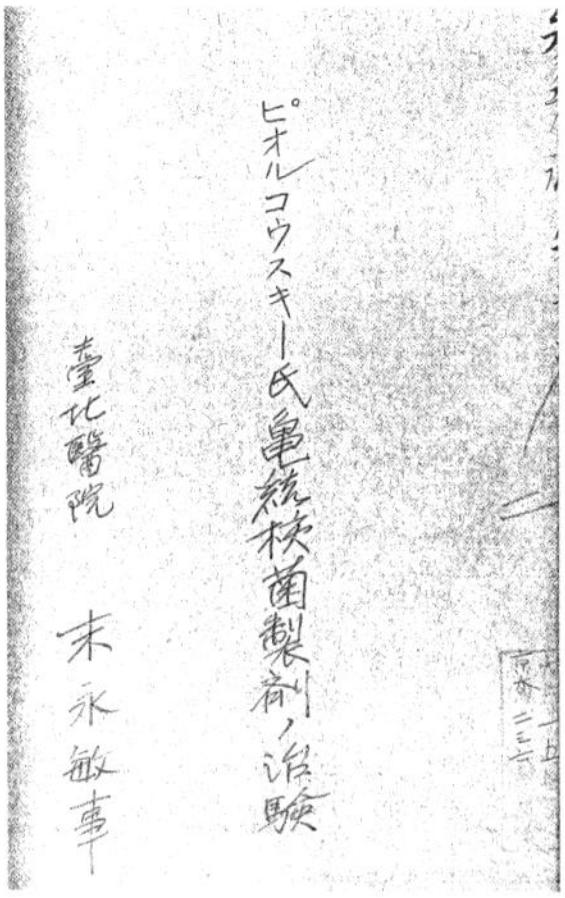
ピオルコウスキー氏亀結核菌製剤ノ治験
臺北醫院　末永敏事

末永敏事論文の表紙＝国立国会図書館所蔵

前者も、若い女性に多い貧血症である萎黄病と結核の併発に言及しており、結核が絡んでいる。両論文とも表紙に「台北医院　末永敏事」の署名がある。おそらく本人の直筆だろう。

結核は、世界の人口増加と都市への集中に従い各国でまん延し、日本でも国民病と呼ばれた。二〇世紀初頭はまだ、診断技術と治療法をめぐる研究競争の時代だった。

結核予防会の島尾忠男元会長は一九二四年生まれ。戦中の一九四四（昭和一九）年、東京帝大医学部に入学し、医師となって戦後一貫して結核医療に携わってきた。この間、九四年から結核予防会会長を一七年間務めるなど要職を歴任し、その後も臨床の現場に立ち、傍らで医史も見つめてきた。

「結核は若い人の命を多く奪った。ただ、がんなどとの違いは、相当割合で自然に治る可能性があること。多くの人が発病したが、半分ぐらいの人は自力で回復した。だから結果としてサナトリウムという長期療養が通用した」

良い環境で、きれいな空気を吸い、栄養を付け、体力を養っているうち、治る人もいたから、サナトリウムは治療の手法として成り立った。だが、それは結核菌を直接退治する治療ではなかった。

「当時の結核医の役割で重要だったのは、『元気を出して頑張れ』と患者を励ますこと。医学よりむしろ対話の能力が大事だった」

それが明治から昭和にかけての日本の結核医療だった。これに対し、敏事はそんな療養の現場に向かおうとはしなかった。

米国留学

長崎医専卒業と同じ一九一二年、父道伯が世を去った。敏事に漢学を教え、東京遊学も許した父が死に、敏事は後ろ盾を失った。

だが台湾で二年ほど働いた敏事は、ここから一気に米国行きを決行する。

ずっと後年になるが、戦前発行されていた「大島原新聞」（現在の「島原新聞」の前身）の一九二七（昭和二）年二月一日付に、米国生活を終え帰国した敏事を紹介する記事が載っている。

「一村一家の誇りと名誉」と見出しの付いた記事からは、久しぶりに博士を輩出した地元島原半島の高揚した雰囲気が伝わってくる。

記述に敏事の発言はないが、おそらく本人が語った内容を反映した記事と推測される。そこには、一九一四（大正三）年に渡米し、シカゴ大で学んだとある。第一次大戦が起きた年である。

結核研究を志すなら、日本の医学界にいるより留学だと考え至ったのだろう。だが大正期に日本人医学者が海外留学するのは容易なことではなかった。

東京帝大などを上位で卒業したエリートには官費で欧州、特にドイツ留学という道があった。だが敏事は長崎医専出で、台湾に職を得た新米医師にすぎない。

大島原新聞の記事は一九一四年渡米となっているが、確定的な裏付けはない。近年になって、敏事の親類が確認した土地登記簿によれば、敏事は一五年、北有馬村の実家の土地・屋敷を担保に大金を借りている。渡米は、資金を手にしたこの後だった可能性も考えられる。

敏事が渡航の元手になる大金を手にしていたのは間違いなさそうだ。それでも疑問は残る。

島尾氏によれば、大正期に日本人医師が渡米すること自体、相当難しかった。しかも、単に留学したところで研究はできない。そこで能力を認められ、立場を得ないと仕事はできないのだ。

「その後の論文に、シカゴやシンシナティで研究に従事したことを示す記述があるのだから、彼はそれを実現した。だが、そもそもなぜ、どうやってシカゴ大に行けたのか」と島尾氏は首をひねる。

長崎医専の全景（「長崎医専第12回卒業記念アルバム」から）＝長崎大学附属図書館医学分館所蔵

ここで想起されるのが、敏事が少年期から師事した内村鑑三の存在である。内村は一八八〇年代、私費で米国留学した経験があった。

「余は如何にして基督信徒となりし乎」

日本のキリスト教文学の名作とされ、海外でも広く知られる『余《よ》は如何《いか》にして基督《きりすと》信徒となりし乎《か》』（一八九五年）は、内村鑑三が米国留学時代を含む前半生を英語で書いた自伝的作品である。

札幌でのキリスト教への改宗、米国で就いた福祉施設での労働、アマースト大時代の罪を悟り神に向き合う「回心」の体験、伝道者となるべく入った神学校で味わった幻滅——。信条であるイエス（Jesus）と日本（Japan）に献身する「二つのJ」の誓いを、内村は米国で深めていく。

一九〇一（明治三四）年ごろ上京し、内村のもとでキリスト信徒になった敏事が、これを読んでいないことはなかろう。この日本語訳が出たのは内村死後の一九三五（昭和一〇）年だが、青山学院中等科で英語を学んだ敏事は当然、原文版を読み、師の若き日の歩みを知っていたはずだ。

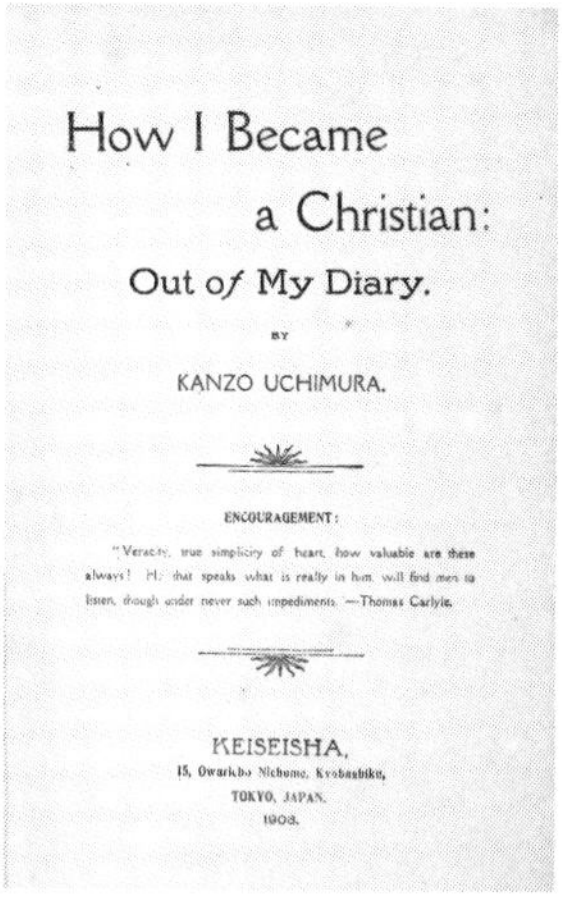

内村鑑三著「余は如何にして基督信徒となりし乎」1906年版の表紙＝NPO法人今井館教友会提供

高崎藩の下級武士の家に生まれた内村は、父の手ほどきで漢籍に親しみ、進学のため一人上京して英語を学んだ。札幌農学校に入学し、そこでキリスト教に入信した。

敏事は父の私塾で漢籍を習い、島原半島から上京して青山学院で英語を学んだ。その中学生時代に内村と出会い、改宗した。

二人の道程はいくつかの点で似ている。

まして敏事本人にとって、敬愛する師と自分の境遇を重ね合わせるのは容易だっただろう。なぜ米国留学を選んだかについて、敏事が書き残したものはない。

だが敏事は、内村の最晩年まで、その教えに頼り続けた。そう考えると、この渡米が内村と無関係であったとは考えにくいのではないか。

内村鑑三は一八八四（明治一七）年、何の当てもなく渡米した。アマースト大に進む前には、医師資格を目指すかどうか迷った時期もあったようだ。

敏事は日本で結核医療に従事する道を選ぼうとしなかった。そして、米国で本格的な研究をするなら、そこで学位を得なければ活路は開けないと覚悟していただろう。

しかし長崎医専を出たばかりの新米医師だった彼もまた、米国に確たる行き先があったわけではない。

偶然であっても師と似た境遇を歩んできた敏事は、徒手空拳の米国行きで、ここでもさらに師の影を追おうとしたのではないか。

内村からの手紙

御平康を賀し候《そうろう》、毎々御寄附御送り被下有《くださられ》がたく奉存候《たてまつりぞんじそうろう》、別便を以《もっ》て『研究十年』一冊差上候間御落手《らくしゅ》被下たく候、古谷叔母様へ呉れ〴〵も宜しく御伝へ被下たく候、当方よりは常々御無沙汰致し居り候、

一九一三、十二月廿八日

内村鑑三

内村鑑三が出した書簡の中で、末永敏事宛ての最初が、この一九一三（大正二）年一二月二八日付のはがきだ。『内村鑑三全集』三八巻に収録されている。

宛先は「台湾、台北医院内」。敏事からの寄付に礼を述べ、刊行したばかりの自著を送ると伝え、「古谷叔母様」という女性を気遣った短い文章だ。

次に確認できるのは、一九一六（大正五）年七月一五日付の封書。敏事の勉学を激励し、再び「古谷叔母様」のことに触れ、敏事の「一時御病気」を心配している。

この手紙から、その宛名が「To Mr. B. Suyenaga」とアルファベット表記に変わっている。敏事の居場所が既に米国に移っていることを示しているのかもしれない。だが宛先の住所は記されていない。

12月28日　**末永敏事**様　台湾、台北医院内　〔はがき〕

御平康を賀し候、毎々御寄附御送り被下有がたく奉存候、別便を以て「研究十年」一冊差上候間御落手被下たく候、古谷叔母様へ呉れ〴〵も宜しく御伝へ被下たく候、当方よりは常々御無沙汰致し居り候、

一九一三、十二月廿八日　　　　内　村　鑑　三

内村鑑三から末永敏事に宛てた一九一三年一二月二八日付書簡（『内村鑑三全集』三八巻から）

米国行きに踏み切った敏事だが、どうやって留学先を探したのかははっきりしない。『内村鑑三全集』の編集に携わった鈴木範久・立教大名誉教授によれば、内村は自身の留学以降、米国に知己を多く持っていたが、弟子たちに米国行きを奨励したわけではなかった。「内村は、米国が理想的なキリスト教国だと思って留学したが、実際は正反対だった。差別はあるし、泥棒は多いし、よほど覚悟がないとうまくいかないぞ、という気持ちだったのだろう」

内村は、前半生を書いた『余は如何にして基督信徒となりし乎』に記した通り、米国で貴重な体験をしたが、一方で、この国のあり様に失望もしていた。

鈴木氏は「敏事の留学に際しても、内村が手を尽くしたとは思えない」という。ただ、弟子たちが実際に渡米してしまえば、激励を惜しまなかったという。確かに、敏事への手紙の言葉

も温かい。

一九〇一（明治三四）年ごろ上京して師事したとはいえ、少年だった敏事は内村から重視される弟子であった形跡はない。だが書簡からは、敏事の留学以降、内村の期待が次第に高まっていく様子がうかがえる。

内村への手紙

無教会主義キリスト教の創始者、内村鑑三とそれに連なる人々を調査・研究するＮＰＯ法人今井館教友会（東京）によると、『内村鑑三全集』に収録された、内村から弟子末永敏事に宛てた書簡は一九一三（大正二）～二九（昭和四）年までに計七通。

その宛先から敏事の居場所が推測できる。また、記述を読み進むと、内村の敏事に対する温かな視線も伝わってくる。

一九一六（大正五）年一二月六日のはがきの宛先は「University of Chicago」。シカゴ大の研究室名と部屋番号が記されている。文面はクリスマスと新年を祝う短い英文。このとき敏事はシカゴ大にいたということか。

一九二一（大正一〇）年、内村からの手紙の送り先が変わる。

一一月一〇日の封書の宛先は「General Hospital, Cincinnati, Ohio」。シカゴと同じ米中西部に位置するオハイオ州のシンシナティ総合病院。内村は「愛する末永君、」と書き出し、自ら

末永敏事様　To Mr. B. Suyenaga, Pathology Building, General Hospital,

11月10日

Cincinnati, Ohio, U. S. A　米国〔封書〕

KANZO UCHIMURA　919 KASHIWAGI, TOKYO, JAPAN

愛する末永君、

御平安を賀します、毎度 contributions を御送り下され有難く存じます、当方相変らず行つて居ります、近い内に御帰朝の由、君の技術と信仰とを以て我等の伝道に参加せられんことを願ひます、藤本君は君の共力を望みつゝあります、誠に結構の事と存じます、旧い教友会も大分に腐りましたから君が来つて新生命を吹入んで下されば一同の感謝であります、別封を以て Reiko 数冊差上げます、適宜に御使用下さい、古谷サ(イ)さん大に私供を助けて呉れます、彼女の幸福を祈ります、匆々

11月10日　1921　　内村鑑三

内村鑑三から末永敏事に宛てた一九二一年一一月一〇日付書簡（『内村鑑三全集』三八巻から）

の近況と敏事への激励をつづっている。

「大島原新聞」一九二七（昭和二）年二月一日付記事に、敏事はシカゴで学んだあとシンシナティ大に移り、そこで「助手」になったと記されている。シンシナティで本格的な研究生活に入ったのは、この二一年一一月の手紙より以前ということだろう。

これだけ敏事宛ての書簡が残っているのだから、弟子である敏事も当然、内村に手紙を書き続けていたはずだ。だが、残念ながら敏事から内村に宛てた書簡は現存しない。

鈴木範久・立教大名誉教授は「敏事が書いたものに限らず、膨大にあったであろう内村宛ての書簡の現物は、私も見たことがない」と話す。

内村は自分宛ての手紙の保存にさほど頓着しない性格で、相当数は処分していたらしい。さらに内村のもとに残っていた書簡類も一九三〇（昭和五）年の内村死後、関係者が持ち去ったりして不明になった。

結果として、内村の死後編まれた最初の全集に内村宛ての書簡は皆無。収録されたのは、内村から手紙をもらった人々が、全集作成への協力として託した「内村発」のものばかりになった。鈴木氏らが一九八〇年から編集した二度目の全集も同じである。

敏事が書いた手紙が残っていれば、師にさまざまなことを報告している内容を読むことができただろう。どんな研究に取り組んでいたのかが本人の言葉で語られていたはずだ。何より、師に語り掛ける文面から、敏事の生き方や人柄をうかがい知ることもできたかもしれないのだが――。

研究、信仰の充実期

米国に渡って数年もすると、敏事は結核研究の成果を次々に発表するようになる。

三本連作の論文「結核菌の抗酸性に関する研究」は、第一論文の要旨が一九一九（大正八）年に結核専門誌『アメリカン・レビュー・オブ・ツベルクローシス』に掲載されて以降、本文が二五年一一月号、第二論文が同誌二六年六月号にそれぞれ載った。第三論文は米国結核予防会の「第一八回大会会議録」に収録されている。

第三論文の著者名は「B. SUYENAGA, M.D.」となっており、敏事は米国で学位を得たとみられる。また、米国結核予防会大会会議録には敏事の論文がもう一本、別に掲載されている。

さかのぼって一九二〇（大正九）年にも、感染症の専門誌である『ジャーナル・オブ・インフェクシャス・ディジーズ』八月号に論文を書いている。米国で研究とその発表の舞台を得て、生き生きと活動する敏事の姿が想像できる。

一九二〇年代という時代は、敏事の活動を医学、キリスト教史といった分野で、最も発見することができる。

内村鑑三が始めた無教会主義キリスト教の活動を追った『無教会史I』（無教会史研究会編著、新教出版社、一九九一年）によると、一九二四（大正一三）年ごろの在米教友の代表格として、他の六人とともに敏事の名がある。

内村研究の拠点であるNPO法人今井館教友会（東京）の荒井克浩さんは「敏事は北米教友会の有力者であったと考えられる」と話す。三〇代後半に差し掛かった敏事は、研究と信仰の両面で充実期を迎えていた。

「大島原新聞」記事に、敏事は米国滞在中、「京都帝国大学教授藤浪医学博士」の来訪を受けたとのくだりがある。

この京都帝大の藤浪とは、おそらく藤浪鑑《あきら》（一八七一〜一九三四年）を指す。藤浪は京都帝大病理学教室の初代教授で、日本の病理学の勃興に貢献した大家だ。

京都大の記録では、藤浪は一九二三（大正一二）年に訪米している。

野口英世記念会（福島県猪苗代町）によると、野口が在籍したニューヨークのロックフェラー医学研究所などを視察した訪問団に、藤浪も加わっていた。藤浪が敏事と面会したとすれば、この旅行の途上だった可能性が高いが、その場所がニューヨークか、敏事のいたシンシナティか、あるいはそれ以外なのかは判然としない。

大島原新聞には、このとき敏事は藤浪から、論文を自分の所に提出するよう勧められたとある。日本の大家にも目をかけられるようになったということだろう。

藤浪鑑＝京都大学大学文書館提供

長崎医専を出ただけで日本を飛び出した敏事は、約一〇年を経て結核研究の気鋭の仲間入りを果たした。

野口英世

敏事は、島原半島・北有馬村で代々続いた医家、末永道伯の四男だった。「道伯」の名は現在、敏事の兄の孫が継いでいる。

その末永道伯さん（六八歳）は千葉県内で暮らす。亡き父正一は生前、敏事のことをよく話していたという。

敏事のおいにあたる末永正一は、少年期を横浜で過ごした。道伯さんは「父は、敏事は結核の医学者で、米国で活躍したと話していた。帰国後の彼の家にも遊びに行ったことがあるらしい。人と話していて気持ちが高ぶってくると、途中から言葉が英語に変わった、とも聞いた」と語る。

さらに「米国時代は野口英世と交流があり、野口が忙しすぎたので、その医学論文の下請けで、敏事が英文を代筆したこともある、とも話していた」という。

野口英世（一八七六〜一九二八年）は、この時代を代表する日本人医学者である。一九〇四年に米国ニューヨークのロックフェラー医学研究所に入り、ガーナで黄熱病に感染して客死するまで、その研究員だった。梅毒スピロヘータなどの研究で成果を上げ、ノーベル賞の有力候補にもなった。

敏事は一九一〇〜二〇年代、米国の結核医学界で論文を発表しており、活動期間は野口と重なる。排日機運の強まる時期に、長期間滞米した日本人医学者の数は限られるはずで、二人に面識があった可能性は低くない。

野口と敏事の研究対象は異なるが、同じ細菌学だった。結核予防会の島尾忠男元会長は「この二人の交流は、あながちあり得ないことではないと思える。証拠が出てくれば、の話だが」

と話す。

だが、野口関係の文献に敏事の名は見当たらない。

野口英世記念会の竹田美文副理事長（八一歳）＝元国立感染症研究所長＝も島尾氏の推測に同意する。しかし「今ある野口側の記録から、二人の交流は確認できない。代筆となると、さらに疑問だ」という。

野口英世＝（公財）野口英世記念会提供

「野口は一週間に三本の論文を書いたとか、六〇〇ページの本を一気に書き上げたといった逸話が残るが、その仕事量の多さが彼の特徴だった。ロックフェラーでは何人かの米国人助手もついていた。相当離れたシンシナティにいる日本人に手紙で代筆を頼むという行動は考えにくい」
また、野口の英文は時折、独特の言い回しを使うのも特徴で、それがどの論文も野口という同一人物によって書かれたものと推測される根拠になっているという。
敏事は、野口と交流はあったかもしれない。だが敏事がその助手的に働いたという説は、裏付けが取れない。

排日強まり帰国

医学研究の為《ため》に米国留学十年を終つて近頃帰朝せし末永敏事君の訪問を受けた。

内村鑑三の一九二五（大正一四）年七月四日付日記にこうある。それまで約一〇年米国にいた敏事が、東京に現れた。

結核研究と無教会主義の信仰の両面で充実期を迎えていた敏事が帰国を選んだのには、いくつかの理由が考えられる。

敏事の来訪を迎えた日の内村の筆致は、明らかに喜々としている。一九三〇（昭和五）年、六九歳で没する内村にとってこの時期は最晩年といえる。それまでも敏事へ宛てた書簡の中で「君の技術と信仰とを以《もっ》て我等《われら》の伝道に参加せられんことを願ひます」（一九二一年一一月一〇日）と帰国を促していた。

敏事も、師の言う「我等の伝道」に加わりたいという思いは抱いていたはずだ。

敏事が帰国した一九二五年当時、在米邦人は試練のときを迎えていた。この前年、米議会で排日移民法が成立したのだ。

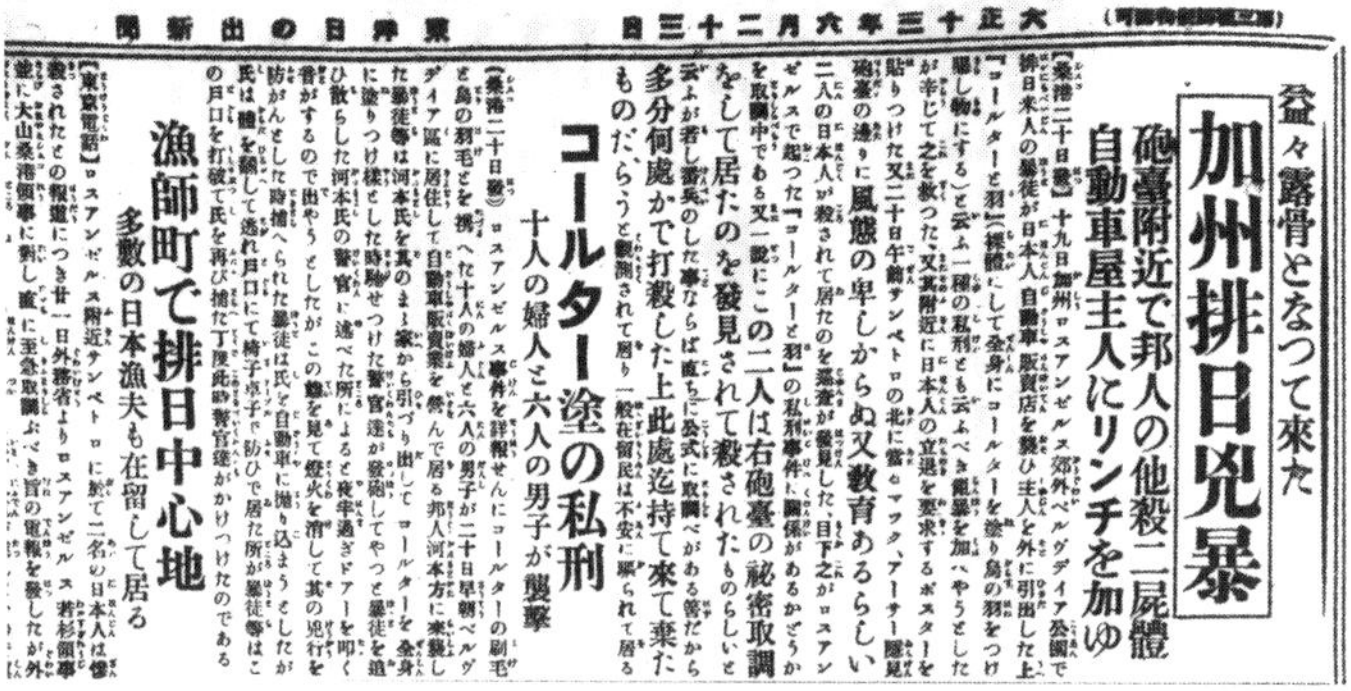

大正十三年六月二十三日　東洋日の出新聞

益々露骨となつて來た
加州排日兇暴
砲臺附近で邦人の他殺二屍體
自動車屋主人にリンチを加ゆ

【桑港二十日發】十九日加州ロスアンゼルス郊外ベルグデイア公園で排日米人の暴徒が日本人自動車販賣店を襲ひ主人を外に引出した上「コールターと羽」（裸體にして全身にコールターを塗り鳥の羽をつけ曝し物にする）と云ふ一種の私刑とも云ふべき暴行を加へやうとしたが辛じて之を救つた又其附近に日本人の立退を要求するポスターを貼りつけた又二十日午前サンペトロの北に當るマフク、アーサー砲臺の邊りに風態の卑しからぬ又教育あるらしい二人の日本人が殺されて居たのを巡査が發見した、目下之がロスアンゼルスで起つた「コールターと羽」の私刑事件に關係があるかどうかを取調中である又一説にこの二人は右砲臺の祕密取調をして居たのを發見されて殺されたものらしいと云ふが若し番兵のした事ならば直ちに公式に取調べがある筈だから多分何處かで打殺した上此處迄持て來て棄たものだらうと觀測されて居り一般在留民は不安に驅られて居る

コールター塗の私刑
十人の婦人と六人の男子が襲撃

【桑港二十日發】ロスアンゼルス事件を詳報せんにコールターの刷毛と鳥の羽毛とを携へた十人の婦人と六人の男子が二十日早朝ベルグデイア區に居住して自動車販賣業を營んで居る邦人河本方に來襲した暴徒等は河本氏を其のまゝ家から引づり出して コールターを全身に塗りつけ樣とした時馳せつけた警官達が發砲してやつと暴徒を追ひ散らした河本氏の警官に述べた所によると夜半過ぎドアーを叩く音がするので出やうとしたが この體を見て燈火を消して其の兇行を防がんとした時捕へられた暴徒は氏を自動車に抛り込まうとしたが氏は體を緊して逃れ戸口にて椅子卓子で防ひで居た所が暴徒等はこの戸口を打破て氏を再び捕た丁度此時警官達がかけつけたのである

漁師町で排日中心地
多數の日本漁夫も在留して居る

【東京電話】ロスアンゼルス附近サンペトロに於て二名の日本人は慘殺されたとの報道につき廿一日外務省よりロスアンゼルス 若杉領事並に大山桑港領事に對し直に至急取調ぶべき旨の電報を發したが外

「東洋日の出新聞」1924年6月23日付紙面＝長崎県立長崎図書館所蔵

明治期から盛んになった日本からの米国移住は、中国系移民などに対する排斥とは異なり、米政府によって容認されてきた。しかしその拡大に従い、やはり脅威と受け止められるようになる。結果として、同法によって日本人の移住も困難になった。

在米だった医学者野口英世は故郷の恩師小林栄に宛てた一九二六年七月の手紙で「排日とか何とか申し候《そうろう》も人情は何処《いずこ》も同じく友愛は等しきものニ御座候《ござそうろう》米国ニある日本人も他国の人の如《ごと》く英国の礼を守り真面目の生計をすれば決して米国人とて残酷なる待遇はせぬことニて今日の排日は日本人自身の醸したるものニ有之申候」と書いている（『野口英世書簡集Ⅰ』野口英世記念会、一九八九年）。人情はどこも同じで、日本人もまじめに働けば排斥されない——という楽観には、既に地位を築いた野口の自信が垣間見える。

だが、敏事の受け止め方は違ったのかもしれない。北有馬で幼なじみだった井村兼治《けんじ》は、東京で歯科を開業した後も敏事と文通などの形で通信を保っていたとみられ、そこで知った敏事の境遇を息子正治に伝えていた。正治が書き残した手記は、敏事の帰国を「日米間の関係ますます悪しく、日本人排斥も激しく、一時避難して時局を静観すべく」との判断だったと見ている。

米国社会の中で、敏事も圧迫を感じていたということか。「一時避難」であれば、いつか再度の渡米を夢見ていたかもしれない。だがその日が訪れることはない。

二章　帰郷

「基督信者の結婚」

半晴　此《この》日末永敏事対中島静江の結婚式を司《つかさど》つた。末永は角筈《つのはず》時代よりの弟子であつて、医学者として米国に十年留学し信仰を守つて今日に至つた者である。中島は過去八年間の忠実なる聴講者であつた。純粋なる信仰的結婚であつて、彼等の幸福と共に我等一同の幸福を祈つた。

内村鑑三の一九二六（大正一五）年六月二日付日記である。米国滞在を終えた敏事は帰国後、東京で結婚した。

相手は、同じ無教会主義キリスト信者の中嶋静江。司式は二人の師である内村が務めた。

結婚式はこの日だが、戸籍によると婚姻届を東京府中野町に提出したのは翌二七年一〇月。

なっている。

敏事三九歳のときだ。新婦の静江は二七歳で、内村の説話を八年間聞き続けたクリスチャンとなっている。

鈴木範久・立教大名誉教授は「新郎新婦とも内村が重視した弟子だったといえる。内村が二人を引き会わせたと考えていい」と話す。

鈴木氏は「内村には女性の弟子も相当数いたが、中嶋静江と妹活子《かつ》は、その中でもかなり大切にされていたと推測される」と話す。それは一九二一〜二四年にかけて、内村から静江に宛てた四通の書簡からもうかがえる。

内村が静江の病気を見舞う手紙が複数回あり、彼女が病気がちだったことを推測させる。内村の米国の親友が一九二一年に来日した際は、その歓迎会に静江と妹活子が出席したことが記されている（『内村鑑三全集』三八、三九巻）。

内村は、近しい弟子だった静江を米国帰りの気鋭である敏事に紹介し、二人は内村の勧めに従い、結婚を決めたのだろう。

帝国ホテルの本館「ライト館」で開かれた結婚式の様子は全集三〇巻に数本の記事で収録されている。このうち「基督《きりすと》信者の結婚」は、司式した内村が、式の中で述べた言葉とされる。

それによれば、クリスチャンは神のために結婚し、キリスト教で結婚は犠牲であり、男は女のため、女は男のため、犠牲に生きることが幸福だという。武士道を生涯重んじた内村は、武士は主君のために結婚したとし、「結婚の根本義に於《お》いて武士道と基督教とは全然一致します」

と語っている。

大上段に武士道を持ち出す語りは、現代から読むとどこかユーモラスにも映るが、内村は真剣だった。

鈴木氏は「内村は静江の妹活子の結婚式でも、同じような言葉を述べている。『婚姻の意義』という小冊子でも、結婚は契約でなく『神にありて一体』であると強調している」とする。

帝国ホテルで開かれた1920年代のある結婚披露宴風景

帝国ホテルのライト館

林春雄＝東京大学医学図書館所蔵

まれな祝宴、内村の高揚

全集三〇巻には、この結婚披露宴に際し内村が書いた英文記事も収録されている。

「A CHRISTIAN WEDDING」がそれだ。首都の社交の中心であり、高価でにぎやかな宴が繰り返されるこのホテルで、それは非常にまれな晩さんだった――と内村は記し、東京帝大医学部長の林春雄（一八七四～一九五二年）が祝辞を述べた様子を書きとめている。その一部を和訳する。

「多くの人が出席したが、ワインは供されず、愉快さや喧騒《けんそう》はなかった。花嫁は誠実で教養あるクリスチャン。花婿もまたキリスト者であり、米国で長年学び、帰国したばかりの医師。林博士のスピーチは感動的だった。『今まで出席した結婚式で見たのは、富と富の結合、富と権力または美の結合、派閥同士の結合だった。だが今回初めて信仰心の厚い女性が、信仰心の厚い男性と結ばれたのを見た』と」

内村は「こんなスピーチがキリスト信徒でない紳士の口から出ること」に感激し、「一流の男女は名目上は違っても、根本や思想において皆キリスト信徒である」とまで書いている。この晩の彼の高揚が伝わってくる。

林春雄は、ドイツ留学を経て東京帝大の薬理学教室の教授となり、一九二四〜三三年まで医学部長。三八年に設立された国立公衆衛生院の初代院長も務めた。

この晩さんでなぜ林が祝辞を述べたのかについての説明はない。内村は宗教的立場から禁酒を信条としていた。一方の林は、医学的立場から禁酒運動に関わっていた。この縁で二人は交流があったのかもしれない。

内村の記述では、敏事や新婦静江の様子や言葉は紹介されていない。

「富と富」「富と権力」ではない宗教的な結婚と呼ばれ、恩師にも祝福された門出の二人はどんな心境だったか。夏の夜の帝国ホテル。ワインのない静かな晩さんの光景を想像する。

余談となるが、林は長崎原爆の調査にも携わった因縁を持つ。

一九四五年に広島、長崎に原爆が投下されると、その甚大な被害に政府は驚がくする。敗戦直後の同年九月、文部省学術研究会議はその被災状況を総合的に調べる「原子爆弾災害調査研究特別委員会」を設置する。その委員長に就任したのが、学術研究会議会長の林だった。

米国への失望と敬意

「A CHRISTIAN WEDDING」の和訳を続ける。

「林博士は晩さんにワインが供されなかったことを喜んだ。博士は、物質的な豊かさをもって米国を偉大だとはみなしていない。だがアルコールを禁じている点で、地球上で最も偉大だと考えていた（筆者注：当時の米国は禁酒法時代）。『日本が米国に並びたいならアルコールを禁じるべきだ』と。

博士は『医師である花婿は酒の害を知っている。医師は苦しむ人を救える点で、大半の人より良い地位にある。医は仁術とのことわざがある。これが真実であるかどうかは医師の人間性にかかっている。愛に基づく宗教の教えに従う花婿が、仁術を行うことを確信している』とも述べた」

内村は、自らの前半生を描いた『余は如何にして基督信徒となりし乎』で、米国人のキリスト教に疑問を持ち、そのありように幻滅していた。

だが、この国での出会いを通じて得た宗教的体験によって、自らの行く道が定められていったことも記している。

そんな内村だから、林が米国の功罪を観察し、それを日本の行く道に重ねようとしたスピーチの内容に感銘したのだろう。

この結婚披露宴の前年。

一九二五年七月四日、帰国したばかりの敏事は、内村宅をあいさつに訪れた。内村の日記によれば、そこで敏事はある「報告」をもたらし、内村を喜ばせている。

米国人中余《よ》の米国反対を聞いて余に対して返《かえ》つて尊敬を表する者ありと聞いて非常に嬉

しかった。さすがは米国人である。彼等は何よりも正直を愛する。悪を悪と呼んで返って彼等の信用を博するのである。米国人の感情を傷つけんことを恐れて、彼等が犯せし罪を責めざる者は返つて彼等の賤《いや》しむ所となる。何《いず》れにしろ憚《はばか》らずして正義を唱道するのが世界を友とするの途《みち》である。（『内村鑑三全集』三四巻）

内村は、自身の海外向け雑誌『ジャパン・クリスチャン・インテリジェンサー』などで英文記事を発信していた。

そこで米国での日本人排斥、そして排日移民法案（一九二四年成立）を批判した。にもかかわらず、米国を批判する内村にむしろ敬意を示す米国人がいる、と敏事は内村に伝えたのだろう。

排日の気運が強まる中でも敏事の医学論文は米国で評価され続けた。米国に失望しながら、敬意も捨てきれずに共存する心持ちは、この師弟に共通していたかもしれない。

新婦静江

新婦静江は同じ内村門下で、敏事より一三歳下。日本郵船の専務取締役を務めた山梨県出身の実業家中嶋滋《しげ》太郎の娘で、内村のもとに八年通う熱心な聴講者だった。

一九〇〇（明治三三）年生まれの静江は、ともにジャーナリストだった羽仁もと子、吉一夫

中嶋静江（自由学園「学園新聞」1934年1月1日付から）＝学校法人自由学園提供

妻がキリスト教教育のため一九二一（大正一〇）年、東京に開いた「自由学園」の一回生で、洋裁の専門家としての道を歩む。

静江は、妹の活子《かつ》とともに内村に師事した。内村はこの姉妹を気遣う書簡を複数回出しており、女性門下生の中で重視された存在だったとみられる。

内村は、敏事と静江の結婚披露宴を書き留めた一九二六（大正一五）年の記事の中で、「晩さんは、著名な東京の実業家夫妻が、娘の結婚を自分たちの友人や新郎新婦の友人たちに披露するために開いた」と記している。

帝国ホテルで、大人数だがワインなしの静かなパーティーを主宰したのは、司式した内村でも、新郎の敏事でもなく、新婦静江の父滋太郎だったようだ。

滋太郎は、日本郵船に大卒学士として初めて入社したとされる。社史によれば、滋太郎が専務を最後に退任したのと同じ一九二三年、同社は日華連絡船として長崎上海航路を開いている。

古い財界往来本や地元の紳士録によれば、海運の雄日本郵船の経営で地位を占めた滋太郎は東大時代から、後の首相浜口雄幸《おさち》と親交が深く、当時の「信越電力」や「東京発電」といった企業の重役も務めたとされ、そこでは、たいてい「理性の人」として描かれている。

ロンドン勤務も経験し、知性派財界人として活躍したらしい滋太郎だが、どの文献にも本人がクリスチャンだったという記述は見当たらない。家族の中で静江、活子の姉妹だけが内村を慕い、無教会主義キリスト信者になったと想像しておくしかない。

活子は、同じく内村の弟子だった山本泰《たい》次郎と一九二八（昭和三）年に結婚し、北海道へ渡ったが、若くして死ぬ。山本は戦後、『内村鑑三信仰著作全集』の編集に携わった。

新婦の父は、近代海運業の勃興に尽くした実業家。結婚式は信仰の師内村鑑三が取り仕切り、祝辞では医学界の権威林春雄が激励の言葉を贈った。後から振り返れば、これが敏事の人生の絶頂だった。

一九二六年の夫婦の門出は、静江にとって、このあとに待つ波乱の人生の幕開けでもあった。彼女のその後については、後であらためて触れることにしたい。

約束果たした藤浪鑑

幾度か引用してきた「大島原新聞」一九二七（昭和二）年二月一日付記事は、「一村一家の誇りと名誉」の見出しで、一行一五字で一〇〇行弱と比較的長文であり、敏事の略歴と一九二七年時点の状況が記されている。敏事本人の話をもとに、記者が論評したものと推測していいだろう。すべてが正確な内容とみるには留保が必要だが、敏事の履歴を伝えたものとしては最も詳しい史料である。

そこにはほんの一言だが、敏事の人柄をうかがわせる記述がある。米国で結核研究に取り組

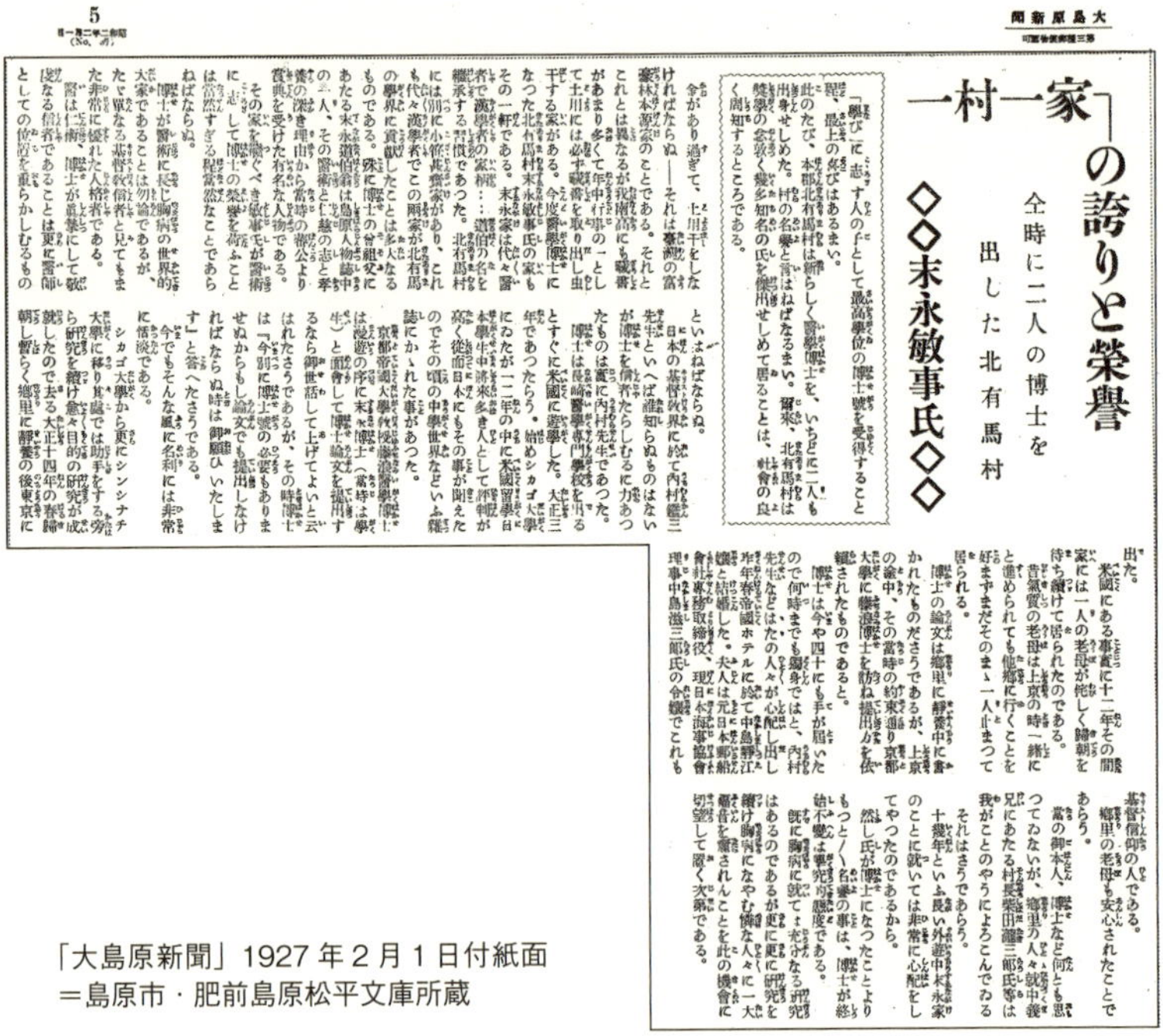

大島原新聞

第三種郵便物認可

5

昭和二年二月一日

（No. ）

「一村一家」の誇りと榮譽

仝時に二人の博士を出した北有馬村

◇◇末永敏事氏◇◇

「學び」に志す人の子として最高學位の博士號を受得すること程、最上の喜びはあるまい。

此のたび、本郡北有馬村は新らしく醫學博士を、いちどに二人も出身せしめた。村の名譽と言はねばなるまい。將來、北有馬村は好學の念敦く幾多知名の氏を傑出せしめて居ることは、社會の良く周知するところである。

金があり過ぎて、土用干をしなければならぬ——それは臺灣の富豪林本源家のことである。それとこれとは異なるが我南高にも藏書があまり多くて年中行事の一として土用には必ず藏書を取り出し虫干する家がある。今度醫學博士になつた北有馬村末永敏事氏の家もその一軒である。末永家は代々醫者で漢學者の家柄……道伯の名を繼承する習慣であつた。北有馬村には別に小笹其齋家があり、これも代々漢學者でこの兩家が北有馬の學界に貢献したことは多大なるものである。殊に博士の曾祖父にあたる末永道伯翁は島原人物誌中の一人、その醫術と仁慈の志と孝養の深き理由から當時の藩公より賞典を受けた有名な人物である。

その家を繼ぐべき敏事氏が醫術に志して博士の榮譽を荷ふことは當然すぎる程當然なことであらねばならぬ。

博士が醫術に長じ胸病の世界的大家であることは勿論であるが、たゞ單なる基督教信者と見てもまた非常に優れた人格者である。

醫は仁術、博士が眞摯にして敬虔なる信者であることは更に醫師としての位置を重からしむるものといはねばならぬ。

日本の基督教界に於て内村鑑三先生といへば誰知らぬものはないが博士を信者たらしむるに力あつたものは實に内村先生であつた。

博士は長崎醫學專門學校を出るとすぐに米國に遊學した。大正三年であつたらう。始めシカゴ大學にゐたが一二年の中に米國留學日本學生中將來多き人として評判が高く從而日本にもその事が聞えたのでその頃の中學世界などいふ雜誌にかゝれた事があつた。

京都帝國大學教授藤浪醫學博士は漫遊の序に末永博士（當時は學生）と面會して博士論文を提出するなら御世話して上げてよいと云はれたさうであるが、その時博士は『今別に博士號の必要もありませぬからもし論文でも提出しなければならぬ時は御願ひいたします』と答へたさうである。

今でもそんな風に名利には非常に恬淡である。

シカゴ大學から更にシンシナチ大學に移り其處では助手をする旁ら研究を續け愈々目的の研究が成就したので去る大正十四年の春歸朝し暫らく郷里に靜養の後東京に出た。

米國にある事實に十二年その間家には一人の老母が淋しく歸朝を待ち續けて居られたのである。昔氣質の老母は上京の時一緒にと進められても他郷に行くことを好まずまだそのまゝ一人止まつて居られる。

博士の論文は郷里に靜養中に書かれたものださうであるが、上京の途中、その當時の約束通り京都大學に藤浪博士を訪ね提出方を依頼されたものであると。

博士は今や四十にも手が屆いたので何時までも獨身ではと、内村先生などはたの人々が心配し出し昨年春帝國ホテルに於て中島靜江孃と結婚した。夫人は元日本郵船會社專務取締役、現日本海事協會理事中島滋三郎氏の令孃でこれも基督信仰の人である。

郷里の老母も安心されたことであらう。

當の御本人、博士など何とも思つてゐないが、郷里の人々就中義兄にあたる村長柴田讓三郎氏等は我がことのやうによろこんでゐるそれはさうであらう。

十幾年といふ長い外遊中末永家のことに就いては非常に心配をしてやつたのであるから。

然し氏が博士になつたことよりもつと／＼名譽の事は、博士が終始不變は學究的態度である。

既に胸病に就ては充分なる研究はあるのであるが更に更に研究を續け胸病になやむ憐な人々に一大福音を齎されんことを此の機會に切望して擱く次第である。

「大島原新聞」1927年2月1日付紙面
＝島原市・肥前島原松平文庫所蔵

んでいた敏事が、病理学者藤浪鑑の来訪を受け、藤浪から論文提出を促されたというエピソード。「研究、信仰の充実期」の項（三七頁）でも一部を紹介した。

藤浪は京都帝大病理学教室の初代教授で、寄生虫病の研究やニワトリの肉腫実験の研究に力を入れ、いわゆる「藤浪肉腫」の発見で名高い。日本の病理学の功労者である。その藤浪と敏事のそのやりとりを「大島原新聞」は、こう記している。

京都帝国大学教授藤浪医学博士は漫遊の序《ついで》に末永博士（当時は学生＝原文ママ）と面会して博士論文を提出するなら御世話して上げてよいと云《い》はれたさうであるが、その時博士は『今別に博士号の必要もありませぬからもし論文でも提出しなければならぬ時は御願ひいたします』と答へたさうである。

今でもそんな風に名利《みょうり》には非常に恬淡《てんたん》である。

藤浪の勧めに対し敏事は丁寧な言い方ではあるが、「今は別に必要ない」と断ったようだ。病理学の大家の勧めをおしいただくことなく、かといって、辞退を恐縮するでもなく、比較的平然とした物言いに感じられる。

肩書や名誉を欲せず動じない、わが道を行くというタイプであろうか。敏事の性格を想像させる記録がほかにほとんどないだけに、興味深い部分である。藤浪は一九二三（大正一二）年、医学訪問団の一員として米国に来ている。この途中での遭遇であろう。

帰国後の敏事は、米国時代に発表した論文を中心に構成した邦題「結核菌の抗酸性に関する研究」をまとめて博士論文とし、一九二七年一月、京都帝大から博士号を受けた。

米国で敏事に論文提出を勧めた藤浪は、ここで敏事に約束した世話を果たした。

自由学園に就職

「大島原新聞」記事によれば、敏事は一九一四（大正三）年に渡米し、シカゴ大からシンシナティ大に移って助手を務め、一九二五（大正一四）年に帰国。内村の世話で元日本郵船専務取締役の令嬢と帝国ホテルで挙式したとあり、内村の書簡や日記の記述とほぼ一致する。

ただ、大学で「助手」だったという具体的な肩書は、他の記録では確認できない。記事で敏事は「博士」と呼ばれ、「博士が医術に長じ胸病の世界的大家であることは勿論《もちろん》であるが、たゞ《だ》単なる基督教信者と見てもまた非常に優れた人格者」だと持ち上げられている。

だが、敏事が「反戦主義者」であることは、記事に一言も出てこない。敏事が言わなかったのか、大島原新聞の記者に告げはしたが聞き流されたのか。

帰国後の敏事が東京で就いた職として確認できるのは唯一、一九二七年の「自由学園要覧」にある記載だ。その教員名簿の中に「自然科学　医学博士末永敏事」とある。同じ名簿の「裁縫・手芸・料理」の欄には妻静江の名前もある。

自由学園が学内向けに発行していた英字紙「THE GAKUEN WEEKLY」の同年三月一四日号には、「PHYSICAL EXAMINATION FOR NEW STUDENTS」（新入生の健康診断）という記事があり、そこには「Suenaga」医学博士が、学生二五人の脈拍、口腔、胸、脊髄、関節を五時間かけて検査したとある。

その結果、今年の入学予定者の健康状態は昨年の入学者に比べて良好であると評価されたが、一方で、多くの女子学生が入試に向けた過度の勉強によって体調を損ねていることも指摘。新学期までの一カ月で体調を改善させ、元気な状態で自由学園の新しい仲間となるよう促している。

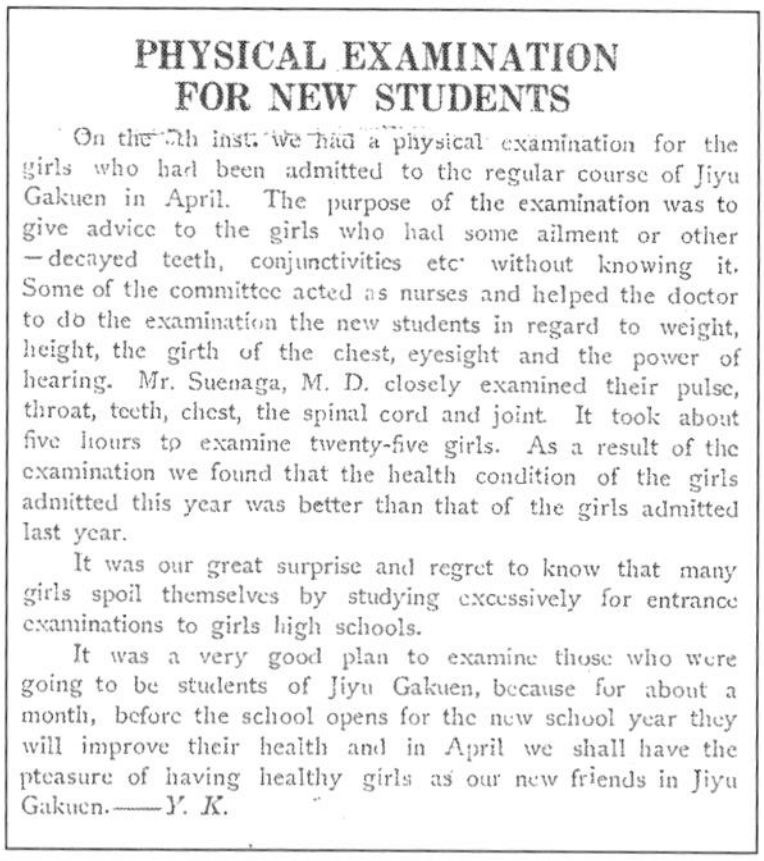

PHYSICAL EXAMINATION FOR NEW STUDENTS

On the [illegible]th inst. we had a physical examination for the girls who had been admitted to the regular course of Jiyu Gakuen in April. The purpose of the examination was to give advice to the girls who had some ailment or other —decayed teeth, conjunctivities etc without knowing it. Some of the committee acted as nurses and helped the doctor to do the examination the new students in regard to weight, height, the girth of the chest, eyesight and the power of hearing. Mr. Suenaga, M. D. closely examined their pulse, throat, teeth, chest, the spinal cord and joint. It took about five hours to examine twenty-five girls. As a result of the examination we found that the health condition of the girls admitted this year was better than that of the girls admitted last year.

It was our great surprise and regret to know that many girls spoil themselves by studying excessively for entrance examinations to girls high schools.

It was a very good plan to examine those who were going to be students of Jiyu Gakuen, because for about a month, before the school opens for the new school year they will improve their health and in April we shall have the pleasure of having healthy girls as our new friends in Jiyu Gakuen.——Y. K.

学生健診を末永敏事が担当したことを示す記事（「THE GAKUEN WEEKLY」1927 年 3 月 14 日付から）＝学校法人自由学園提供

自由学園図書館・資料室の村上民さんは「敏事は自然科学の教員だっただけでなく、校医のような役割も果たしていたのかもしれない」と見る。

さらに、次の三月二一日号にある「HYGIENE OF THE EYE」（目の健康のために）には、「Dr. Suenaga」が寄稿したという文章が含まれている。

一部を要約すると、「西洋文明が私たちの国、

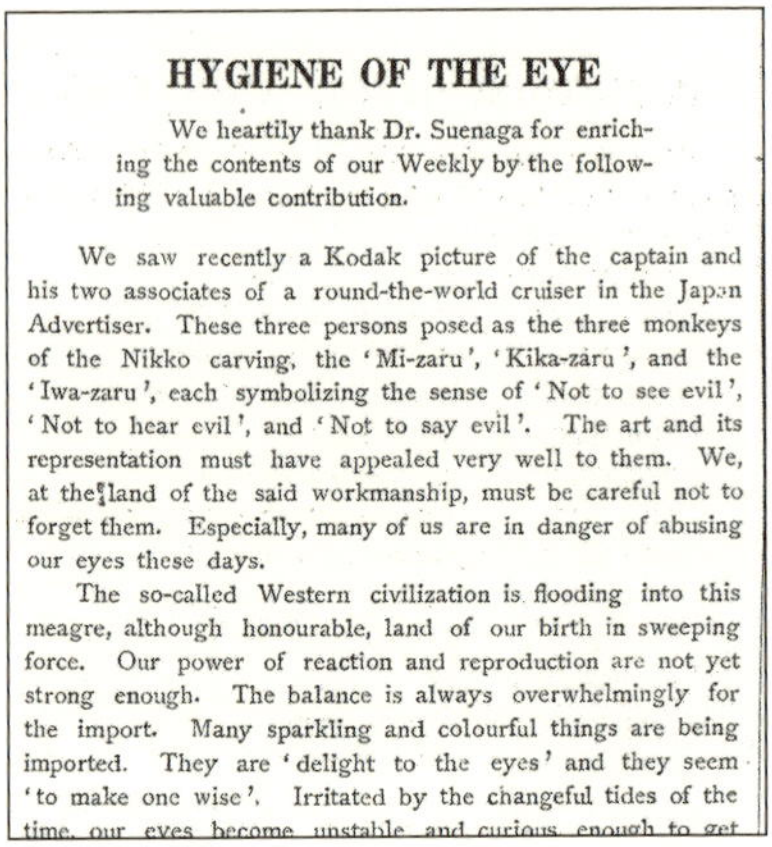

HYGIENE OF THE EYE

We heartily thank Dr. Suenaga for enriching the contents of our Weekly by the following valuable contribution.

We saw recently a Kodak picture of the captain and his two associates of a round-the-world cruiser in the Japan Advertiser. These three persons posed as the three monkeys of the Nikko carving, the 'Mi-zaru', 'Kika-zaru', and the 'Iwa-zaru', each symbolizing the sense of 'Not to see evil', 'Not to hear evil', and 'Not to say evil'. The art and its representation must have appealed very well to them. We, at the land of the said workmanship, must be careful not to forget them. Especially, many of us are in danger of abusing our eyes these days.

The so-called Western civilization is flooding into this meagre, although honourable, land of our birth in sweeping force. Our power of reaction and reproduction are not yet strong enough. The balance is always overwhelmingly for the import. Many sparkling and colourful things are being imported. They are 'delight to the eyes' and they seem 'to make one wise'. Irritated by the changeful tides of the time, our eyes become unstable and curious enough to get

末永敏事の寄稿文が含まれる記事「HYGIENE OF THE EYE」（「THE GAKUEN WEEKLY」1927年3月21日付から）＝学校法人自由学園提供

貧しくはあるがしかし誇り高いこの国に、他を押し流すような勢いをもって入り込んできている。私たちがそれに向き合い、それを自分たちのものにする力は、まだ十分強いとはいえない。力のバランスは、圧倒的に輸入のほうに傾いている。夥しい量の輝かしく多彩なものが輸入されている。それらは目にうるわしく、人を賢くするように見える。変化の激しい時流に翻弄されて、私たちの目は落ち着きを失い、絶えず駆り立てられて、浅はかにも私たち自身をそうしたものとの付き合いに陥れてしまう」というふうに、西洋化されていく日本国内の世情に、まず触れている。

そのあと、話題は生徒たちの目の健康へと移っていく。要約を続ける。

「一年生が健康診断を受けたが、驚いたことにほとんどの人の視力に何らかの問題があった。視力の異常は、部分的に遺伝などがあるが、むしろ目を不注意に使っていることが原因だとみるべきだろう。赤や黄といった鮮やかな色や、新劇や映画などでよく使われる強い照明などは、私たちの目には本来決して心地よいものではない。私たちは皆、もっと本や雑誌を読み、そこから学ぶべきだ。良書や偉大な書物は私たちの一番の宝である。安っぽい雑誌やいかがわしい本は避けなければならない。ときには私たちの目を果てしない紺碧の空や群青の水平線に向けてみよう。緑や青は目を休ませてくれる。午後薄暗くなってから文字を読むのはやめよう。新聞のような質の悪い紙に印刷された小さな文字も良くない。何かを読むときは、安定したちょうどいい強さの明かりの下で、本と目の間を三五センチぐらい離し、背筋もしっかりと伸ばそう」

呉建とも共同研究

流されるように西洋化していく日本への懸念と、新入生に向けた目の健康指導が前後に並んだ文章だが、ここで注目しておきたいのは、前段の文章である。

敏事はこの直前までの約一〇年を米国で過ごしている。米国のことを知ったうえで、西洋文明を受け入れる際の懸念を語っている。祖国日本に対する誇りを強調しながら語るこの態度は、このあと発見されていく敏事の文章に通底している。

欧米の文化に敬意を払い、しかしその野放図の氾濫を警戒する。一方で、自らの愛国心を表明しながら、その祖国の姿にも遠慮なく批判を加える――。敏事のこんな姿勢を最初に確認できるのが、この自由学園の新入生に対する健康指導の英文である。いささか場違いの感はある

呉建＝東京大学医学図書館所蔵

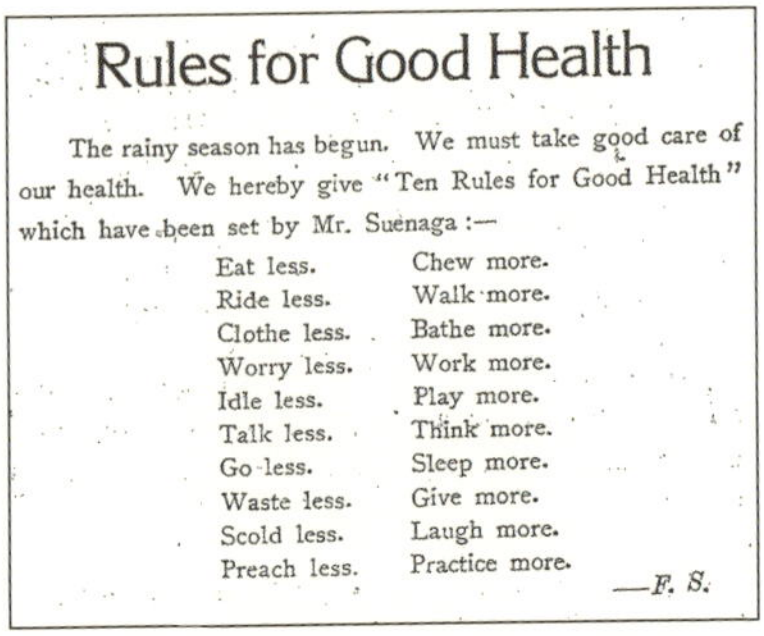

Rules for Good Health

The rainy season has begun. We must take good care of our health. We hereby give "Ten Rules for Good Health" which have been set by Mr. Suenaga :—

Eat less.	Chew more.
Ride less.	Walk more.
Clothe less.	Bathe more.
Worry less.	Work more.
Idle less.	Play more.
Talk less.	Think more.
Go less.	Sleep more.
Waste less.	Give more.
Scold less.	Laugh more.
Preach less.	Practice more.

—F. S.

末永敏事が健康上の注意を教示した記事（「THE GAKUEN WEEKLY」1927年6月13日付から）＝学校法人自由学園提供

のだが――。

同六月一三日号には「Rules for Good Health」と題した、やはり「Mr. Suenaga」による「健康十則」が紹介されている。和訳すると、「食べ過ぎず、かめ」「乗らずに、歩け」「着込まず、お風呂に」「悩むより、動け」といった調子である。

このように敏事は、静江の母校であり、職場でもあった東京の自由学園に確かに在籍していた。だが、それはごく短期間だったようだ。

敏事が結核研究の先端にいたことは、今に残る医学論文が示している。米国での実績を引っさげて帰国し、結婚式では東京帝大医学部長に激励され、さらに京都帝大病理学の権威にも認められた。であれば引く手あまたであってもおかしくない。少なくとも、一つの研究職も見つけられなかったとは考えにくい。

実際、敏事は東京帝大医学部と関係を持っていた。東京大医学図書館は、敏事について第二内科教授だった呉建《くれけん》（一八八三〜一九四〇年）らとの共著論文が四本あることを確認している。

呉はノーベル賞候補にもなった東京帝大の看板教授だったが、循環器、神経生理の権威であって、結核が専門の敏事との接点が何なのかは判然としない。

結核予防会の島尾忠男元会長は「呉論文の共著者となっているのなら、東大呉内科に何らかの形で籍があった可能性はないだろうか」と推測する。同図書館は「（論文が発表された）一九二七〜二八年に共同研究をしていたのは間違いないと思われる」というが、第二内科同窓会の歴代教室員名簿に敏事の名はないという。

そんな敏事の居場所が一九二九（昭和四）年の暮れ、はっきりと定まる。それは華やかな医学の表舞台とは無縁の、故郷島原半島・北有馬村だった。

故郷で突然の開業

拝啓、御平安をきいて喜びます。

当方其後変りありません。小生もどうやら健康を維持して居ります。天職の有る間は生命安全を信じます。君の新たなる御事業の上に神の祝福を祈ります。匆々

内村鑑三

末永敏事の実家があった付近の風景＝長崎新聞社撮影

内村が一九二九（昭和四）年一二月二八日に敏事に出したはがきだ（『内村鑑三全集』三九巻）。宛先の住所は「長崎県南高来郡北有馬村」。

戸籍によると、中嶋静江との婚姻届は、結婚式から一年半後の一九二七年一〇月、東京の中野町役場に出された。

一九二九年九月には長女範子《のりこ》が生まれた。

一方、内村の便りが示す通り、敏事は遅くとも同年一二月には故郷北有馬村今福《いまぶく》にいた。それは実家の敷地に医院を建て、開業するためだった。

敏事は少年期に島原半島を旅立ち、異国で自らの実力を示した。東京に戻り、医学界の権威に囲まれていた結核研究の気鋭は、働き盛りの四二歳で、なぜか故郷に帰った。

しかも内村の書簡は、せっかく米国から帰国したまな弟子が遠く九州へ去ったのを惜しんでいる様子もない。むしろ、「新たな事業に神の祝福を」と激励している。

敏事を無教会主義キリスト教に導いた内村鑑三には、多くの門下生がいた。直接師事した者もいれば、国内外にいて内村の個人雑誌「聖書之研究」などを購読し、遠方で私淑する者も多かった。

内村研究の拠点、今井館教友会（東京）の福島穆《あつし》理事によれば、内村は一八九四（明治二七）年の講演「後世への最大遺物」で、米国人教育者メリー・ライオンの言葉を引きながら「他の人の行くことを嫌うところへ行け、他の人の嫌がることをなせ」と述べた（『後世への最大遺物・デンマルク国の話』岩波文庫、二〇一六年第六刷）。福島氏は「内村は若い人にへき地伝道を呼び掛けた。これに忠実に従って実行した人たちがいた」と語る。

弟子が東京から地方へ移住したり、地方在住者が地元で伝道を続けたりという例は多くある。敏事も師の教えに応え、農村伝道の地として故郷を選んだのだろうか。研究生活に未練がなかったはずはない。それでも寒村で住民たちを診療しながら伝道する道を望んだということか。

静江と範子が北有馬村に同行したかどうかだが、静江が、母校であり、洋裁の教壇に立っていた東京の自由学園から離れた形跡はうかがえない。

いつも背広だった医者

「敏事先生はいつも背広を着ていた。当時のここらへんでは珍しかったですよ。でもあの人と話したことはない。子どもだった私には、何だか外国人みたいに見えていました」

元北有馬町長の柴田省三さん（九五歳）は一九二一年生まれ。八十数年前、北有馬村今福

早田春子さん＝長崎新聞社撮影

柴田省三さん＝長崎新聞社撮影

（現在は南島原市）にあった末永医院をかすかに覚えていた。

「末永家は代々、今福の医者。この地域の旧家でした。戦争中あの人が警察に捕まったというのは、ずっと後の戦後になって少し聞いたぐらいです。もう遠い昔の話だから詳しくは知らない」

今福に暮らすある高齢女性は当時、大人から「敏事先生は米国帰りだから、日曜は休診。急な病気の人でも診てくれなかった」という話を聞いた記憶があるという。日曜を聖なる日とするのは、厳格なクリスチャンらしい行動だ。

南島原市で敏事の様子を語れる人は、もうごく少数しかいない。

いつも背広を着こなし、子どもの目に外国人のように映った敏事。そのわずかな証言から想像されるのは、米国帰りと評判の一風変わった中年医師の姿だ。

南島原市で暮らす早田《はやた》春子さん（九三歳）は一九二三年生まれ。柴田さんより二歳下だが、彼女も敏事を覚えていた。

敏事の父末永道伯は自宅で私塾を開き、近所の子どもたちを教えていた。「私の父末永辰馬も道伯先生に習ったんです」と言って、早田さんは語り始めた。

「だから父は大工だったが漢文が読めた。大きな建物も建てていたし、ここらへんでは珍しく宮大工でもあったから、仕事は多かったと思います。私は子どもの頃、敏事さんの診療所に行きました。病気ではありません。父のお使いだったと思います。一人で診察室に入りました。背広を着た敏事さんは椅子に座っていました。私は立ったまま、二人で話したと思います。何を話したのかは覚えていません。長い間、この記憶は夢だったのかなと考えていましたが、長崎新聞に載った敏事さんの写真を見て、思い出しました（筆者注：長崎新聞連載終了後の二〇一六年一一月に取材）。やっぱり私は敏事さんに会ったのだと思います。父は敏事さんについて、偉い人やったけどいなくなったと話していました。戦争に反対して、死んだというのは気の毒なことです。でもこうして記事に出て、みんなが敏事さんを知ることになった。これであの人の魂が浮かび上がりましたよ」

「郡立療養所」提案？

敏事の活動の痕跡は地元の医史にも、わずかに残っている。

それは『島原半島医史』（島原市医師会・南高来郡医師会発行、一九九九年）にあった。同書は長崎県の島原半島を中心に古い医学資料を収集し、特に江戸期の島原藩体制以降、明治、大正、昭和、平成と地域医療の姿を集大成した。

敏事の活動の痕跡は、同書に収録されている長崎県南高来郡医師会の一九三二（昭和七）年三月二〇日に開かれた「第十三次定時総会」の項にあった。

昭和七年三月二十日午前十一時より、島原町平野屋において定時総会開催。出席者四八名、市川会長議長席に着き先《ま》ず、昨年中に死亡された物故会員、守山村吉田周吉、小浜町田中豊樹の二氏に対し、全員起立黙禱《もくとう》をしてご冥福を祈り、次いで議長から新入会員樋口正規、増田純廣、末永敏治三氏の紹介があった。その後議事に移った。

一九三二年は、敏事が北有馬村で開業していた時期に重なる。新入会員の「末永敏治」は恐らく敏事と見て間違いないだろう。しかも、敏事はこの場で発言をしたようだ。再び議事録を引用する。

議事全部終了後、神代村の佐藤敏氏による「腺熱に就《つ》いての実験発表」。その後末永博士の「郡立結核療養所建設」についての創建発表があった。頗《すこぶ》る有益なる発表で会員を感動せしめた。

敏事は先端の結核医学者であり、へき地である古里に戻った村医者でもあった。そんな彼が、島原半島に公立の結核療養施設を造ろうという提案をしたということだろうか。

しかし、翌一九三三年三月一九日の「第十四次定時総会」の議事録にある「報告」の中に、こんな記載がある。

退会者　末永敏幸

この「末永敏幸」も敏事のことではないか。「事」を「幸」と誤記したように見える。だとすれば、最初に療養施設の必要を説き、しかし、たった一年で退会したことになる。分かりにくい動きなのだが、そのころ敏事の身辺は慌ただしかった。

不可解な離婚

一九三〇（昭和五）年、無教会主義キリスト教の創始者、内村鑑三が六九歳で世を去った。少年時代から慕い続けた師の訃報を敏事はどう聞いたか。信仰の同士である妻静江も悲嘆したであろうことは想像に難くない。

敏事は生涯の師を失い、彼自身の平穏も間もなく終わる。内村の死から三年後。故郷で開業していた敏事に異変が起きる。

戸籍によれば敏事、静江夫妻は一九三三（昭和八）年一月二七日、「青山苑太郎の四男弘」と養子縁組した。このとき弘は一五歳。だが青山苑太郎が何者か分からないので、末永夫妻と青山の関係も、養子縁組の理由も想像できない。

ところが養子を迎えた直後の二月八日、敏事と静江は突然、離婚した。

離婚届は北有馬村役場に出された。戸籍には、静江と三歳の娘範子は、静江の父中嶋滋太郎の籍に移るとある。

一九二六年に結婚披露宴を開いて六年半。内村の仲介によって、弟子同士で夫婦となった敏事と静江の結婚は終わった。

続いて同月二四日、敏事は養子縁組したばかりの弘との離縁届を役場に出した。わずか一カ月弱の間に夫妻は養子を迎え、その夫妻が離婚し、さらに養子縁組を解消した。不可解な動きとしかいいようがない。

離婚の理由を探る手掛かりを残したのは、敏事の幼なじみで、東京へ出て歯科医になった井村兼治（一八九四～一九七四年）だ。兼治と敏事は幼い日に故郷で別れて以降会うことはなかったが、文通があったらしい。兼治の長男正治（一九一五～二〇一二年）は、父兼治から聞いたこと、自分が敏事について知っていることを書き起こし、手記「述懐」（二〇〇八年）に残した。

末永敏事先生はアメリカの医大において教鞭に立ち二〇年に及ぶ由にて、更なる勉学に励むも、日米間の関係ますます悪しく、日本人排斥も激しく、一時避難して時局を静観すべく、日本に帰国することとした。

帰国後は神奈川県茅ケ崎に末永医院を開設するも、日本の事情、ますます戦跡を広め、ついには日米戦に発展した。

末永先生はご自分の信念として休戦を説き、やむなく、故郷と絶縁を宣し、アメリカよ

述懐

2008年

〒160-0022　東京都新宿区新宿

井村正治

井村正治の手記「述懐」の表紙＝井村修治さん提供

井村兼治の壮年期の肖像画＝井村修治さん提供

り同道した「妻、子供」を離別して、災いの類に及ぶを切り、身一つとなって、戦争反対を称《とな》え、日本政府および軍部に説いて回った。

在米期間や、妻子を「アメリカから同道」とした点に疑問は残る。「神奈川県茅ケ崎」での開業も確認できていない。だが、一家離散の理由を探る際、この手記は現在ある希少な情報だ。

敏事の米国観

内村鑑三死後の敏事の心境を推し量ることができる資料がある。

それは千葉県の市川聖書集会主宰、高木謙次さん（八二歳）＝習志野市＝からもたらされた。同氏が所蔵するキリスト教思想家内村鑑三の門下生による伝道誌のコピーに、敏事の投稿が載っていたのだ。

内村の身辺に仕えた藤沢音吉が発行していた「無教会」（一九三二年四月号）にある「内村先生のクリスチヤンセンス」がそれだ。「長崎県　末永敏事」と署名がある。

内村が世を去って二年。恩師をたたえ、悼んだ八〇〇字弱の短文である。

敏事は、内村が険しさを増す対米問題を考察した「Excluded from America」という論説を取り上げながら、こう述べている。

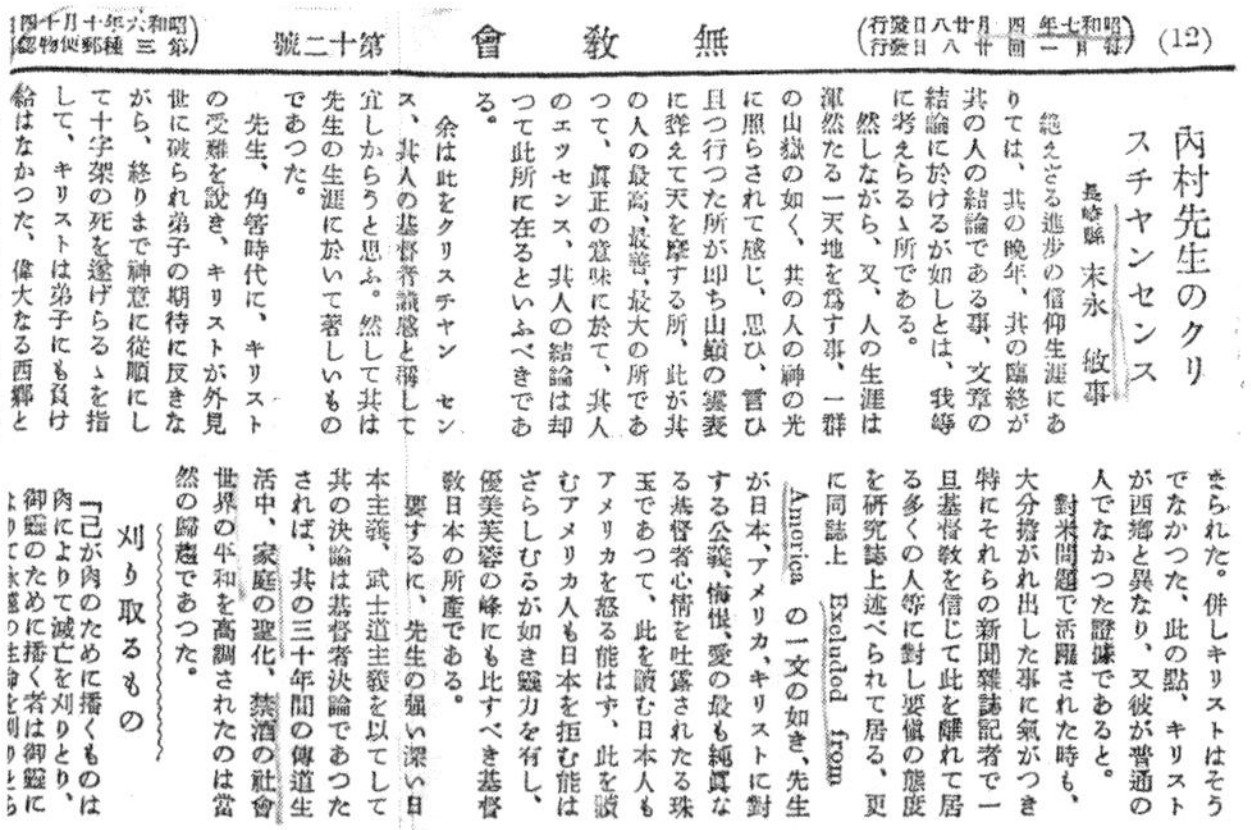

(12)　昭和七年四月廿八日發行　（毎月一回廿八日發行）　無教會　第二十二號　（昭和六年十月十四日第三種郵便物認可）

内村先生のクリスチヤンセンス

長崎縣　末永敏事

絶えざる進歩の信仰生涯にありては、其の晩年、其の臨終が其の人の結論である事、文章の結論に於けるが如しとは、我等に考えらるゝ所である。

然しながら、又、人の生涯は渾然たる一天地を爲す事、一群の山嶽の如く、其の人の神の光に照らされて感じ、思ひ、言ひ且つ行つた所が即ち山嶺の聳えに比えて天を摩する所、此が其の人の最高、最善、最大の所であつて、眞正の意味に於て、其人のエッセンス、其人の結論は却つて此所に在るといふべきである。

余は此をクリスチヤン　センス、其人の基督者識感と稱して宜しからうと思ふ。然して其は先生の生涯に於いて著しいものであつた。

先生、偽善時代に、キリストの受難を説き、キリストが外見世に破られ弟子の期待に反きながら、終りまで神意に從順にして十字架の死を遂げらるゝを指して、キリストは弟子にも負け給はなかつた、偉大なる西郷といへども弟子に負け、弟子に誤まられた。併しキリストはそうでなかつた、此の點、キリストが西郷と異なり、又彼が普通の人でなかつた證據であると。

對米問題で活躍された時も、大分擔がれ出した事に氣がつき特にそれらの新聞雜誌記者で一旦基督教を信じて此を離れて居る多くの人等に對し要償の態度を研究誌上述べられて居る、更に同誌上 Excluded from America の一文の如き、先生が日本、アメリカ、キリストに對する公義、悔恨、愛の最も純眞なる基督者心情を吐露されたる珠玉であつて、此を讀む日本人もアメリカを怒る能はず、此を讀むアメリカ人も日本を拒む能はざらしむるが如き靈力を有し、優美芙蓉の峰にも比すべき基督教日本の所産である。

要するに、先生の強い深い日本主義、武士道主義を以てして其の決論は基督者決論であつたされば、其の三十年間の傳道生活中、家庭の聖化、禁酒の社會世界の平和を高調されたのは當然の歸趨であつた。

刈り取るもの

「己が肉のために播くものは肉によりて滅亡を刈りとり、御靈のために播く者は御靈によりて永遠の生命を刈りとら

末永敏事の投稿記事（「無教会」1932年4月号から）＝高木謙次さん提供

（略）Excluded from America の一文の如《ごと》き、先生が日本、アメリカ、キリストに對《たい》する公義、悔恨、愛の最も純真なる基督《きりすと》者心情を吐露されたる珠玉であつて、此《これ》を讀《よ》む日本人もアメリカを怒る能《あた》はず、此を讀むアメリカ人も日本を拒む能はざらしむるが如き霊力を有し、優美芙蓉の峰にも比すべきキリスト教日本の所産である。

要するに、先生の強い深い日本主義、武士道主義を以《も》てして其《そ》の決論は基督者決論であつたされば、其の三十年間の傳《でん》道生活中、家庭の聖化、禁酒の社会　世界の平和を高調されたのは當然《とうぜん》の歸趨《きすう》であつた。

鈴木範久・立教大名誉教授によれば、「Excluded――」は内村の伝道誌「聖書之研究」（一九二四年六月発行）に掲載され、米国による日本排斥は米国全部によるものでなく「其内《そのうち》に存する真のクリスチ

アンの愛心より排斥されたのではない」とある。

一九三一（昭和六）年の満州事変以降、日本は国際的孤立を深めていく。そこで筆者敏事は日米関係の活路を内村の一文に求め、その平穏が可能であると結論している。米国で約一〇年暮らし、日本人として結核研究で認められた経験を持つ敏事はやはり、米国との協調を信じていたのだろう。

この投稿は、敏事の「肉声」と呼べる文章であり、信仰や師への思い、国際問題への所感といった彼の心情を垣間見ることができる。

しかし、このころの日本は、対米融和と反戦を信条とする人間が主張通りに生きていくには、あまりに過酷な時代だった。そのことは、その後の敏事の運命が如実に示している。

満州事変で行動決意か

一九三三（昭和八）年二月の離婚は、敏事が反戦行動に出るための準備だったのか。あるいは北有馬村で開業している時点で既に、特高か憲兵隊から身に迫る圧力を感じていたか。この離婚から間もなく、敏事の消息は途絶える。

井村正治の手記「述懐」に、反戦を唱え、政府・軍部に説いて回ったという以上のことは書かれていない。その時期や行動をうかがい知ることはできず、この時点ではまだ、敏事の反戦思想の具体的内容は明らかでない。

国民の思想を監視した特高の歴史に詳しい荻野富士夫・小樽商科大特任教授（六三歳）は「思想のいかんにかかわらず、米国帰りはスパイと疑われマークされた。また、敵性宗教とされたキリスト教徒もマークされた。敏事はもともと要視察あるいは要注意の人物だった可能性はある」と話す。

「医師のように社会的な地位のある者の言動は、地域に影響が大きいとみなされただろう。例えば日常の診療の中で反戦思想を住民に公言していたら、たちまち当局の圧力がかかったはずだ」

一九三三年といえば、一九四五（昭和二〇）年の敗戦より一〇年以上前である。神道教団「大本」への弾圧を除けば、当局の宗教関係に対する摘発は本格化していない。日中戦争（一九三七〜四五年）も始まっていない。日本軍が中国東北部で軍事行動を起こした一九三一（昭和六）年の満州事変から一年数カ月といったころだ。この時期に反戦行動を決意したとすれば、それは満州事変が契機だったとみるべきだろう。

敏事の反戦思想は、無教会主義キリスト教の師内村鑑三の教えによって培われたと考えられる。

だが、鈴木範久・立教大名誉教授は「一部の例外を除いて、無教会主義者たちの反戦は挫折していった。しかもその多くは満州事変を機に妥協に転じた。逆にこの時期、敏事が『満州事変は間違いだ』と公然と言い切っていたとしたら、ほんとうにすごい」と語る。

国民への思想弾圧で、宗教者よりまず先に標的となったのは、共産主義者だった。特高の武器となった治安維持法は、そもそも共産党殲滅《せんめつ》のため一九二五年に立法された。その摘発は激烈を極めた。

三章　暗転

拷問暴露の山宣を暗殺

警察による国民の思想監視は明治期に社会主義運動が芽生えたころ、その業務が始まった。一九一〇（明治四三）年に発覚した大逆事件（明治天皇暗殺を企てたとして社会主義者、無政府主義者が一斉検挙され、幸徳秋水らが死刑となった）以降、特別高等警察（特高）の体制整備が本格化。司令塔は内務省警保局であり、全国の地方特高は、その指揮下にあった。

一九二五年制定の治安維持法は、取り締まりの最も有力な根拠法となった。国体の変革、私有財産制度の否定を目指す結社や行為を処罰する同法は、共産主義撲滅を目的に作られた。一九二八（昭和三）年三月一五日の全国一斉摘発は「三・一五事件」と呼ばれ、一五〇〇人以上が検挙された。

この捜査で容疑者に対する暴力が多発した。荻野富士夫・小樽商科大特任教授によると、東京や大阪の特高は、共産党員の名簿を作成し、ある程度標的を特定していたが、北海道や九州

山本宣治

ではそれがなく、怪しそうだと目星を付けた市民を取りあえず拘束し、暴力を加えて自白を強要した。

この状況を現地調査した京都選出の衆院議員山本宣治は、一九二九年二月の衆院予算委員会で、函館の実例などを暴露し、政府を追及したが、内務省側は答弁でその事実を否定した。

だが実際は、当局も全国で横行する不法な実態を認識していた。荻野氏によると、同年九月、全国の特高課長を集めた会議で渡辺千冬司法相は、警察官の職権乱用によって被疑者や関係者に「陵辱苛虐」を加えないよう訓示し、婉曲《えんきょく》に抑制をかけた。同氏は「これは拷問の常態化を把握していたことを間接的に証明している」と話す。

山本宣治は、「山宣《やません》」の愛称で知られた無産政党の若き人気政治家だった。三・一五事件の捜査で、共産主義の予想以上の広まりを認識した政府は一九二八年、治安維持法改正を緊急勅令で強行。翌二九年の国会でその事後承諾を求めた。

山本の暴露質問は、この国会での出来事で、三月五日には反対演説をしようとしたが阻まれた。山本はこの晩、東京の宿舎で右翼に刺殺される。三九歳だった。犯人の黒田保久二については、特高官僚から山本襲撃を促されていたとする説が有力だという。

科学者であり、宇治川沿いの旅館「花やしき浮舟園」の若主人でもあった山本は、第一回普通選挙に労農党から出て当選し、労働者や農民の側に立つ政治姿勢を貫いた。

権力に立ち向かい、凶刃に倒れたその生涯は語り継がれた。京都や東京など各地の「山宣会」は健在で、毎年の命日には墓前祭が催され、花やしき浮舟園に多くの人が集まって遺族と語らうという。

山本は治安維持法改正が成立した、その晩に殺された。東京山宣会の藤田廣登さん（八二歳）は「だから山宣は、弾圧と闘った象徴として、多くの人の心に残ることになったのだと思う」と話す。

読書会にまで警察の目

改正によって治安維持法違反の最高刑は死刑に引き上げられ、同時に「目的遂行罪」が導入された。

問題はこの目的遂行罪だった。天皇制や私有財産制度の否定を目指す結社などを禁じた治安維持法は新たに、その目的遂行に資する行為もすべて罰することができるようになった。

共産党員でなくても、その活動に寄与すると当局がみなせば誰にでも適用されることになり、摘発可能な対象は一挙に拡大。併せて「怪しい市民を取りあえず引っ張る」という捜査も助長されていく。

水谷安子さん＝長崎新聞社撮影

「子どもですもの。連れて行かれて、驚きました」

神奈川県川崎市で暮らす水谷安子さんは一九一三（大正二）年生まれ。一〇〇歳を越えてなお当時の記憶を話すことができる。

水谷さんは、富山女子師範の女学生だった三三（昭和八）年、警察に捕まった。

「学校で友達と五人で一緒にマルクス主義の本を読んだ。それで警察に一週間」

警察で暴力をふるわれた記憶はない。送検されず釈放されたが、五人とも退学になった。送検されることになっていれば、おそらく目的遂行罪が適用されたのだろう。

教師になる道を断たれ、水谷さんは落胆した。退学には今も納得していない。

「校長は体面を気にして、私たちを追い出した。卒業間近だったんです。自分は優等だったと思う。その前の校長は立派な人だった。いくら何でも私たちを退学にはしなかったと思います」

何がいけなかったのか。水谷さんは、学生に理解のある校長なら卒業させてくれたはずだ、と繰り返した。水谷さんの証言は、地方の警察までが学生の読書会程度に神経をとがらせていた当時の様子を教えてくれる。

一方、公然と当局を批判する共産主義者は、特高にとって、容認できない本物の標的だった。その意識は、現場の警察官に標的への憎悪という形で反映されていく。

一九三三（昭和八）年二月、特高警察官らがプロレタリア作家小林多喜二を警察署内で殺害する事件が起きた。荻野富士夫・小樽商科大特任教授は「多喜二は二八年、三・一五事件を題材にした『一九二八年三月十五日』を発表し、取り調べでの拷問の実態を暴露した。暴露された特高にとって、絶対つぶすべき相手だった」と話す。

死者五一四人、検挙者六万八千人

旧内務省の資料「特高月報昭和八年三月分」には、一九三三（昭和八）年二月二〇日、小林多喜二を検挙し、築地署に連行したが「心臓麻痺《まひ》にて死亡せるを以《もっ》て、翌二十一日死体を実母に引渡し」たとある。

引き渡された遺体は、至る所に拷問の痕跡が明らかだった。自宅に戻った母セキは、布団に横たえられた息子の体をさすり、泣いた。

プロレタリア作家であり、共産党員でもあった小林は、訴追されることなく、暴行によって死んだ。同士たちは当初から「虐殺」だと主張した。特高は、全国各地で開かれたデモや追悼行事、檄文《げきぶん》の散布などの監視と取り締まりに追われた。

戦前の思想弾圧を調査、追及する治安維持法犠牲者国家賠償要求同盟（中央本部・東京）に

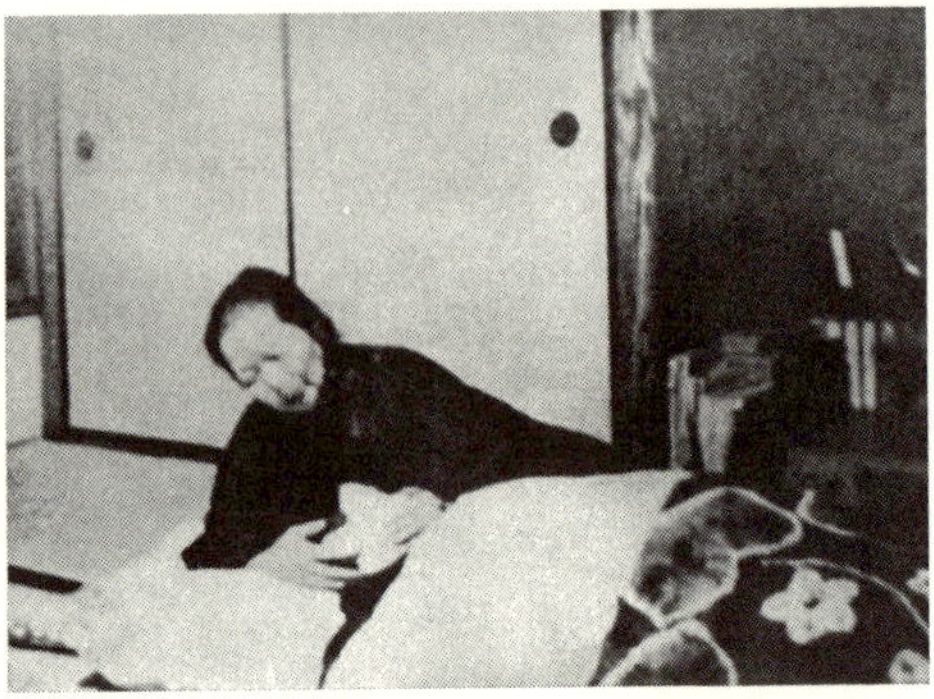
小林多喜二の遺体を抱く母セキ

よると、同法が廃止されるまでの二〇年間で特高や憲兵隊による検挙者数は約六万八千人。

治安維持法は共産主義を脅威ととらえて立法され、その苛烈な摘発で、三〇年代前半までに共産党組織は壊滅した。天皇制や私有財産制度の否定を目指す結社などを禁じただけでなく、「その目的遂行に資する行為」も対象とする目的遂行罪を追加したことによって、共産主義者ではない国民も巻き込まれた。

治安維持法違反による検挙者六万八千人のうち五万人以上は一九三三年までに検挙された。これ以外に軍機保護法や陸海軍刑法などが適用された摘発も多くあった。

一九六八（昭和四三）年設立の国賠要求同盟は、被害者の実態を丹念に調査し、弾圧による死者の氏名とその状況を一人一人明らかにしてきた。

それによると、▽警察での拷問による死九三人▽服役中・未決拘留中の死一二八人▽服役・拘留中の暴行・虐待や発病による釈放後の死二〇八人▽弾圧による自殺二五人▽宗教弾圧での殺害・獄死六〇人——の計五一四人。

藤田廣登常任理事は「検挙者六万八千人以外に、その数倍以上が不当に検束されたと推測され、官憲によって捕まった人は数十万人規模に上ると考えられる」と語る。思想監視は国民生活の間近にあった。

「死者についても調査を継続している。まだきちんと特定できていない人も多く、今後数十人加わる可能性がある。末永敏事もその候補の一人」

治安維持法は狙い通りに使命を遂げたが、特高は行政機構として組織目的を失うわけにはいかなかった。加えて、思想監視の強化は一九三一（昭和六）年の満州事変以降、総力戦への国民の結集を目指した政府の方針に合致する政策でもあった。

特高月報

荻野富士夫・小樽商科大特任教授によると、特高は、共産主義や無産政党といった組織にいる〝危険人物〟を「特別要視察人」として名簿登載し、言動や交友を監視した。その下に言論活動などでマークが必要な「思想要注意人」を置いて分類し、これら全国の捜査情報は内務省警保局が管理していた。

「特高月報」は、各地方特高が上げる捜査報告を、警保局が月ごとに集約したもので、一九三〇（昭和五）年から編集が始まり、情報集約は一九四五（昭和二〇）年まで続いた。

取捨選択なので、全国の摘発事例がすべて取り上げられているわけではない。戦前の思想弾圧を調査、追及する治安維持法犠牲者国家賠償要求同盟が指摘するように、同法施行から敗戦までの二〇年間の拘束人数が数十万人規模に上るとすれば、「特高月報」に記録された事件数は、弾圧の全体像のほんの一部ということになる。

荻野氏は「記述はすべてが事実ではなく、捏造《ねつぞう》や誤認もあった。だから『当局による記録』という前提で読む必要がある。ただ、月報全体を見渡すと、年代によって捜査対象の重点など当局の姿勢の推移が分かる。それを検証するには重要な史料」と話す。

特高は共産主義思想の撲滅を最も重視し、それは最後まで変わらない。やがて一九三〇年代前半に共産党が弱体化すると、戦争を遂行するための障害除去を目指すこの組織の標的は年を経るごとに拡散した。

たとえば一九三三年の「特高月報昭和八年三月分」の目次で、特高が監視対象としている「運動」の序列を見ると、日本共産党、日本共産青年同盟、日本労働組合全国協議会、日本赤色救援会、日本労農救援会準備会、プロレタリア文化運動、無産政党、国家主義運動、労働運動、農民運動、水平運動、無政府主義運動、在留朝鮮人――という順で並ぶ。

要するに左翼から右翼まで民衆の社会運動は何であれ戦争遂行の障害になるとみなしていた。一九三二年の「五・一五事件」や三六年の「二・二六事件」など政府要人を狙ったテロの頻発、クーデター未遂は、右翼・国家主義への警戒を強めさせた。

一九三七年に日中戦争が始まると、各宗教団体の動向に対する関心の強まりが反映されてくる。そこでは仏教、神道の戦争協力姿勢を評価しているのに対し、キリスト教の態度には「傍

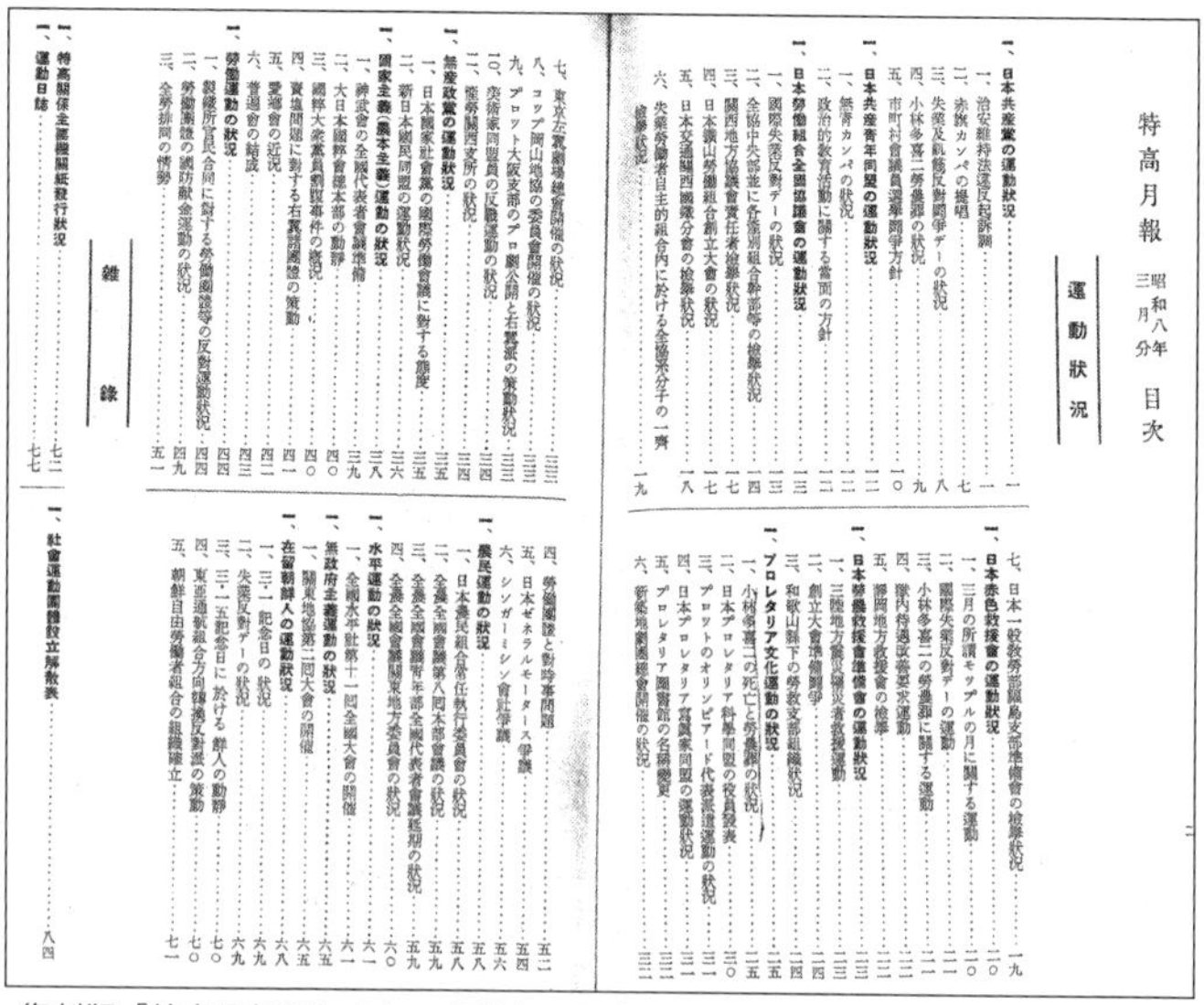
特高月報 昭和八年三月分 目次

運動状況

一、日本共産黨の運動状況……一
一、治安維持法違反起訴調……一
二、赤旗カンパの提唱……七
三、失業及飢餓反對闘爭デーの状況……八
四、小林多喜二勞農葬の状況……九
五、市町村會議員選擧闘爭方針……一〇
一、日本共産青年同盟の運動状況……一二
一、無青カンパの状況……一二
二、政治的教育活動に關する當面の方針……一二
一、日本勞働組合全國協議會の運動状況……一三
一、國際失業反對デーの状況……一三
二、全協中央部並に各產業別組合幹部等の檢擧状況……一四
三、關西地方協議會責任者檢擧状況……一七
四、日本鑛山勞働組合創立大會の状況……一七
五、日本交通關西國際分會の檢擧状況……一八
六、失業勞働者自主的組合内に於ける全協系分子の一齊檢擧状況……一九
七、日本一般教勞部臨島支部準備會の檢擧状況……一九
一、日本赤色救援會の運動状況……二〇
一、三月の所謂モップルの月に關する運動……二〇
二、國際失業反對デーの運動……二一
三、小林多喜二の勞農葬に關する運動……二一
四、獄内待遇改善要求運動……二二
五、靜岡地方救援會の檢擧……二二
一、日本勞農救援會準備會の運動状況……二三
一、三陸地方震災罹災者救援運動……二三
二、創立大會準備闘爭……二四
三、和歌山縣下の勞救支部組織状況……二四
一、プロレタリア文化運動の状況……二五
一、小林多喜二の死亡と勞農葬の状況……二五
二、日本プロレタリア科學同盟の役員發表……三〇
三、プロットのオリンピアード代表派遣運動の状況……三一
四、日本プロレタリア寫眞家同盟の運動状況……三一
五、プロレタリア圖書館の名稱變更……三二
六、新築地劇團總會開催の状況……三二
七、東京左翼劇場總會開催の状況……三三
八、コップ岡山地協の委員會開催の状況……三三
九、プロット大阪支部のプロ劇公開と右翼派の策動状況……三三
10、美術家同盟員の反戰運動の状況……三四
一一、產勞關西支所の状況……三四
一、無產政黨の運動状況……三五
一、日本國家社會黨の國際勞働會議に對する態度……三五
二、新日本國民同盟の運動状況……三六
一、國家主義（農本主義）運動の状況……三八
一、神武會の全國代表者會議準備……三八
二、大日本國粹會總本部の動靜……三九
三、國粹大衆黨員瀆職事件の概況……四〇
四、資塩問題に對する右翼諸團體の策動……四一
五、愛郷會の近況……四二
六、普選會の結成……四三
一、勞働運動の状況……四四
一、製鐵所官民合同に對する勞働團體等の反對運動状況……四四
二、勞働團體の國防獻金運動の状況……四九
三、全勞排同の情勢……五一
四、勞働團體と對時事問題……五二
五、日本ゼネラルモータース爭議……五四
六、シンガーミシン會社爭議……五六
一、農民運動の状況……五八
一、日本農民組合常任執行委員會の状況……五八
二、全農全國會議第八回本部會議の状況……五九
三、全農全國會議青年部全國代表者會議延期の状況……五九
四、全農全國會議關東地方委員會の状況……六〇
一、水平運動の状況……六一
一、全國水平社第十一回全國大會の開催……六一
一、無政府主義運動の状況……六五
一、關東地協第二回大會の開催……六五
一、在留朝鮮人の運動状況……六八
一、三・一記念日の状況……六九
二、失業反對デーの状況……六九
三、三・一五記念日に於ける鮮人の動靜……七〇
四、東亞通航組合方向轉換反對派の策動……七〇
五、朝鮮自由勞働者組合の組織確立……七一

雑録

一、特高關係主要機關紙發行状況……七二
一、運動日誌……七七
一、社會運動團體設立解散表……八四

復刻版「特高月報昭和八年三月分」の目次＝長崎県立長崎図書館所蔵

観」「一部は依然冷淡」と、その消極的な動向にいら立っている様子がうかがえる。

伝道者、藤沢武義

当局の思想監視は歯止めを失い、治安維持法の適用拡大と軌を一にして、言論の自由に対する圧迫も強まる。

一九三三（昭和八）年、京都帝大に政府が言論弾圧を加えた「滝川事件」は、当局が共産主義に限定せず広く思想問題に介入する契機となった。三五年には天皇機関説問題で憲法学者美濃部達吉が排撃された。

医学者末永敏事は無教会キリスト者として、反戦を説くため故郷を出たと考えられるが、一九三三年以降の動向は分からない。キリスト教団体や信徒への圧力が強まっていくころだ。内村鑑三の教えを受けた無

藤沢武義＝NPO 法人今井館教友会提供

教会主義の弟子たちによる伝道も、「反国家の活動」として浮き上がってくる。

鳥取県米子市に藤沢武義（一九〇四〜一九八六年）という伝道者がいた。

『福音と世界』（新教出版社）一九六五年五月号に藤沢が書いた「平和と正義を求めて――太平洋戦争入獄記」をもとに、彼の一九三〇年代を振り返る。

藤沢は海軍機関学校在学中に無教会主義に触れ、軍を去り伝道に乗り出した。一九三〇（昭和五）年から自前の伝道誌「求道」を発行。キリスト者として平和を唱え、三一年の満州事変などに対し非戦論を主張した。

当局は「国策に反する非国民的言説」として、「求道」に繰り返し発禁処分を科し、藤沢自身も特高にたびたび呼び出された。

警察署で、藤沢は取り調べを受けながら、逆に自らの信仰について説明しようと試みた。取調官はそんな彼を厳しく叱責《しっせき》した。仕方なく藤沢はその都度、始末書を書いたが、家に戻ると、また次の「求道」を刷った。

内村は一九〇四年の日露戦争に際し非戦を唱え、第一次大戦にも批判を加えた。だが一九三〇年に世を去った彼は、その後の満州事変、日中戦争そして第二次大戦を見ていない。

鈴木範久・立教大名誉教授は「無教会主義の伝道者のすべてが反戦を貫いたわけではない。特に満州事変を契機にその多くが主張するのをやめた。一方で、少数だが抵抗者たちがいたのも事実。藤沢や矢内原《やないはら》忠雄（戦後に東大総長）、政池仁など踏ん張った人たちがいた。ここで内村ならどうしたかと考えながら行動したのではないかと思う」と話す。

間もなく思想犯として弾圧される敏事も、この抵抗者の系譜に入ることになる。

居場所失う無教会信者

藤沢は、一九三〇（昭和五）年から個人雑誌を発行し、非戦を唱えたため発禁処分など当局の圧力を受けた。

矢内原忠雄＝NPO法人今井館教友会提供

ここで藤沢の境遇を紹介するのは、一九三三年に離婚し、北有馬村を去ってから空白となる敏事の無教会信者としての行動を想像するためだが、藤沢は伝道者、敏事は医学者であって無論、二人の軌跡が重なるわけではない。

藤沢は、内村鑑三の教えの信奉者らしく愛国を掲げた。と同時に満州事変（一九三一年）、日中戦争（一九三七年～）を経て国家総動員へと向かう日本の中で、伝道を続け、個人雑誌を刷りながら「大陸侵略は間違いだ」と果敢に言い続けた。

やはり内村の弟子で、東京帝大教授だった矢内原忠雄（一八九三～一九六一年）は、一九三七（昭和一二）年夏の伝道旅行の途中、鳥取の藤沢を激励のため訪ね、米子や大山で講話した。そこで矢内原は、日本の対中開戦を批判した。もちろん特高は、この動向を把握していた。

鳥取の藤沢の伝道を監視し続けていた特高は同年一〇月、ついに彼を逮捕した。

藤沢の「平和と正義を求めて――太平洋戦争入獄記」によれば、拘束された房内に電灯はなく、食事は少なかった。声を出すことは許されず、口の中で聖書の文言をつぶやいた。ノミとシラミに悩まされ、冬になると寒さにさいなまれた。取り調べは厳しかったが、暴力をふるわれることはなかった。

約三カ月の拘束を経て釈放されたのは同年末。翌一九三八年七月に起訴猶予となった。

この理由は不明だが、藤沢は検事の取り調べは終始穏やかだったと記しており、この検事の判断が働いた措置なのかもしれない。

だが藤沢の逮捕と並行して、伝道誌の寄稿者や二〇〇人余の購読者のうち多数が取り調べを受けるなど、伝道活動は全体が威嚇を受け、本格的な再開は敗戦までかなわなかった。

特高は、東京帝大教授という要職にあった矢内原をかねて監視しており、藤沢逮捕の際は、鳥取で矢内原の講話を聞いた参加者も厳しく聴取された。矢内原は同年末、大学を追われる。

無教会主義キリスト者の藤沢は、伝道を続ければ続けるほど当局に追い詰められていった。一九三〇年代は日本が軍事国家の色彩をいよいよ強めていく時期であり、戦時下抵抗を続けていた無教会主義信者にとっては居場所を失っていく過程だった。

戦争協力へ向かう宗教界

一九三七(昭和一二)年の日中戦争突入を受け、近衛文麿内閣は、国民を戦争体制に従わせるため「国民精神総動員運動」を打ち出す。

以後登場する「ぜいたくは敵だ」などの標語は、国民に「戦時」を意識させるのに十分な効果を持ち、生活も言論も一つの方向へと集中する社会が醸成されていく。

翌一九三八年、政府は人と物を統制して戦争につぎ込む国家総動員法を施行した。国力の結集が叫ばれ、国民の労働、物資の生産などを管理する本格的な統制経済が始まった。

特高は、壊滅した共産主義運動にかわる標的の一つとして、宗教運動への監視を強めた。旧内務省資料「特高月報」はこの時期、対中国戦争への宗教団体の協力姿勢を継続的に観察している。背景には、大陸での日本の勢力拡大に伴い、各宗教団体が対外的な布教の強化に取り組んでいた状況も関係していた。

これに対する特高の評価は「仏教、神道は活発、キリスト教は傍観」というもので、キリスト教の一部には「超国家的平和」を標榜《ひょうぼう》する主張もあると警戒していた。

だがそのキリスト教団体も早晩、国家の圧力に屈することになる。

日本基督教団の引退牧師であり、神学者の雨宮栄一・中部学院大名誉教授（八九歳）は「戦時下の日本のキリスト教会は、実にだらしがなかった」と語る。

一九三九（昭和一四）年、宗教団体を国家の監督下に置く宗教団体法が制定された。各宗教は教派の統合を迫られることになるが、「敵性宗教」とみられていたキリスト教団体はむしろ懸命に恭順していく。

雨宮栄一さん＝長崎新聞社撮影

プロテスタントの諸団体は自ら統合に踏み切り一九四一年、「日本基督教団」を発足させた。創立総会に提出された「信徒の生活規定」には、「本教団に属する信徒は、万世一系の天皇を奉戴する臣民として、皇運を扶翼し奉り、国体の精華を発揚せんことを努むべし」と記述された。
だらしがなかった――。
主要な宗教団体の中で、プロテスタントの統合は最も遅く、それはわずかな抵抗だったともいえる。それでも雨宮氏の総括は鋭く、厳しい。
「ナチスがドイツ国内の各種団体の統合を進めた『強制的同質化』の二番煎じ。日本でもそれが行われ、教会は一九四五年の敗戦まで闘争も抵抗もせず、むしろすすんで従った。私たちはそれを『恥の歴史』とする」

戦後の一九六七（昭和四二）年、日本基督教団は戦争責任を認める声明を出した。雨宮氏は「それができたことが、辛うじて私たちの心の支えになっている」と語る。

「山吹の花」

一九三三（昭和八）年に妻子と離れ、故郷北有馬村から姿を消した末永敏事の消息を再び確認できるのは、一九三五年の資料である。

所持していたのは、「敏事の米国観」（七〇頁）の項で紹介した千葉県の市川聖書集会主宰、高木謙次さん。

高木さんは長年、内村鑑三とその弟子たちに関する資料を集め、研究してきた。その資料群の中に、敏事がプロテスタントの一派クエーカーの会報「友」（一九三五年六月発行）に投稿した詩のコピーがあった。この「友」は茨城県水戸市で発行されていたらしい。

詩の題は「山吹の花」。敏事はヤマブキを日本の春の美の象徴として描き、こう呼び掛けている。

（略）かの文明の狂奔を制する手綱

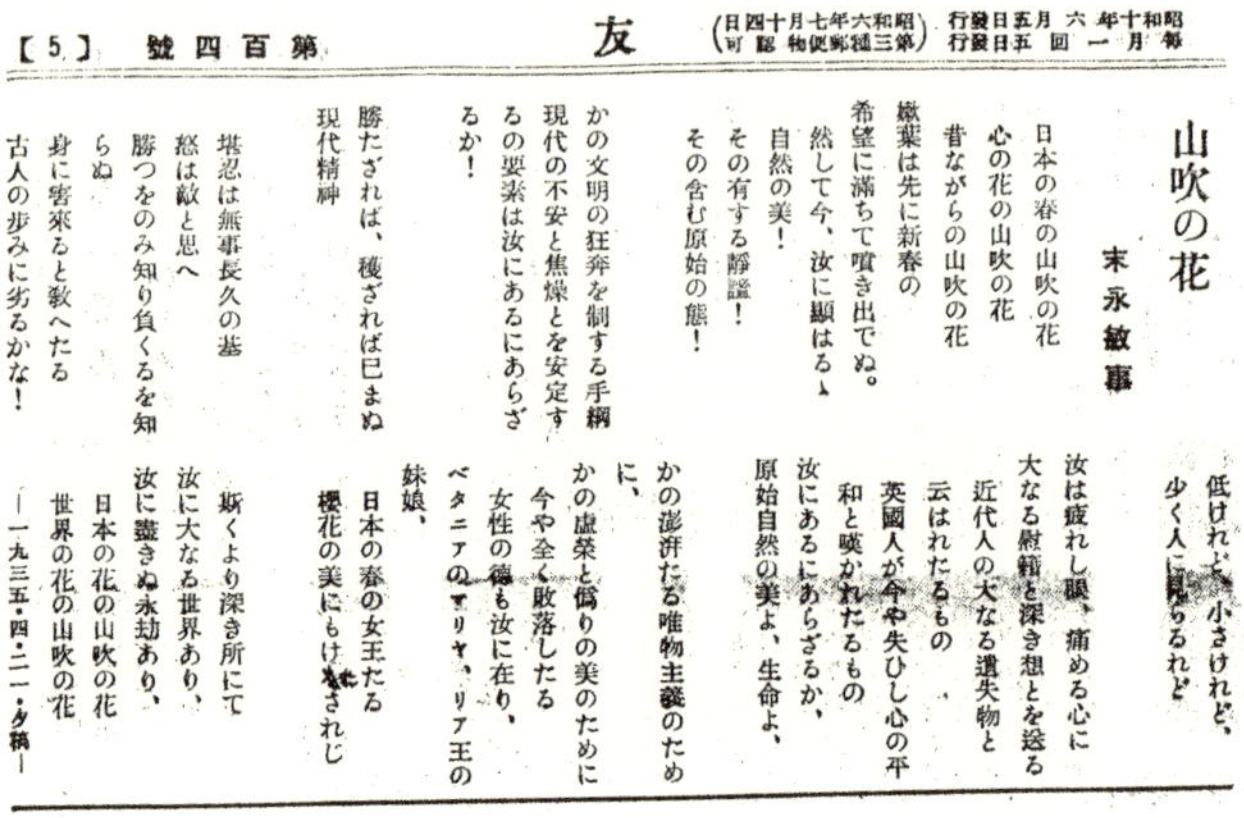

友 第百四號 【5】
昭和十年六月五日發行 每月一回五日發行 (昭和六年七月十四日第三種郵便物認可)

山吹の花
末永敏事

日本の春の山吹の花
心の花の山吹の花
昔ながらの山吹の花
嫩葉は先に新春の
希望に滿ちて噴き出でぬ。
然して今、汝に顯はるゝ
自然の美!
その有する靜謐!
その含む原始の態!
かの文明の狂奔を制する手綱
現代の不安と焦燥とを安定す
るの要素は汝にあるにあらざ
るか!
勝たざれば、獲ざれば已まぬ
現代精神
堪忍は無事長久の基
怒は敵と思へ
勝つをのみ知り負くるを知
らぬ
身に害來ると教へたる
古人の歩みに劣るかな!
低けれど、小さけれど、
少く人に見らるれど
汝は疲れし眼、痛める心に
大なる慰藉と深き想とを送る
近代人の大なる遺失物と
云はれたるもの
英國人が今や失ひし心の平
和と嘆かれたるもの
汝にあるにあらざるか、
原始自然の美よ、生命よ、
かの澎湃たる唯物主義のため
に、
かの虚榮と僞りの美のために
今や全く敗落したる
女性の德も汝に在り、
ベタニアのマリヤ、リア王の
妹娘、
日本の春の女王たる
櫻花の美にもけおされじ
斯くより深き所にて
汝に大なる世界あり、
汝に盡きぬ永劫あり、
日本の花の山吹の花
世界の花の山吹の花
―一九三五・四・二一・夕稿―

末永敏事の詩「山吹の花」(「友」1935年6月号から) =高木謙次さん提供

現代の不安と焦燥とを安定するの要素は汝《なんじ》にあるにあらざるか!

勝たざれば、獲ざれば已《や》まぬ現代精神
堪忍は無事長久の基
怒は敵と思へ
勝つをのみ知り負くるを知らぬ
身に害来ると教へたる
古人の歩みに劣るかな!
低けれど、小さけれど、少く人に見らるれど

(略) 斯くより深き所にて
汝に大なる世界あり、
汝に盡《つ》きぬ永劫あり、
日本の花の山吹の花
世界の花の山吹の花

文意はやや分かりにくいが、文明の無節操を嘆きながら、その裏面で、国際的孤立に直面し、戦争へと向かう日本に自重を求めているようにも読める。その主張は、どこか能弁な印象もある。

鈴木範久・立教大名誉教授によると、クエーカーは「フレンド派」とも呼ばれ、日本では早くから水戸市が有力な拠点の一つだった。鈴木氏は「内村鑑三は、自身の非戦論や無教会主義はクエーカーに影響を受けたものと語っていた。弟子の敏事が、フレンド派と交流していても不思議ではない」と見る。

北有馬村を去った敏事は、水戸に来ていたのか。それとも別の場所にいて、何らかの縁があって同誌に投稿したのか。現在も同誌を発行しているキリスト友会日本年会（東京）によれば、月刊だった「友」の一九三五年中の紙面に、敏事の他の文章の掲載は見当たらないようだ。

高木さんが、これらの史料を収集したのは、敏事の投稿が載っていたからではなく、内村関係資料を四〇年以上収集してきた過程での偶然だという。「ただ、私は昔から末永敏事の存在は認識していた。彼が後年、思想犯になったのは記録で知っていた」

そんな高木さんは三十数年前、もう一つ、敏事に関する重要な資料を入手していた。

茨城で医院開業

高木さんが入手したのは、敏事本人が書いたとみられる手紙だった。

内村関係資料の調査の一環で、内村の弟子だった蒲池信（一八七六〜一九四八年）の親族を訪ね、その所蔵資料を見せてもらった際、蒲池宛の書簡の中に敏事が書いた手紙があったのだ。それは一九三七（昭和一二）年四月一五日付と同七月一一日付の二通。どちらも封書で、高木さんは封筒と中の便箋をコピーし、保存していた。

一通目は、敏事が「茨城県久慈郡賀美村折橋」で「末永内科医院」を開業したあいさつ状である。

便箋には、印刷で「内科一般の診療に従事する事になりました」「不自由と困難の中に在《あ》りて『我等の国籍は天に在り』の精神を目標として茲《ここ》まで進んで来ました事を深く感謝して居ます」などと書かれている。

島原半島から姿を消した敏事は一九三七年、茨城県で医院を開業したのだった。

二通目は直筆。筆跡は読みにくいが、開業三カ月の近況報告や信仰を続けられることへの感謝などを述べている。蒲池が一一歳上だからか、敏事の言葉遣いは非常に丁寧だ。

高木さん自身の『選集第六巻　戦時下無教会信徒の動向　特高資料を中心に』（二〇一六年）によると、蒲池は東京出身だが、一九〇〇（明治三三）年から一二年間、三菱長崎造船所に技術者として勤務。その際に組合教会に入り、やがて内村の教えに出合った。

高木さんは「敏事が長崎出身という縁もあって、交流があったのではないか」と想像する。

高木さんが保存していた一連の資料によって、敏事は一九三五年に茨城県で発行されていたフレンド派の会報に投稿。さらに三七年、同県内で開業していたことが分かった。北有馬村に

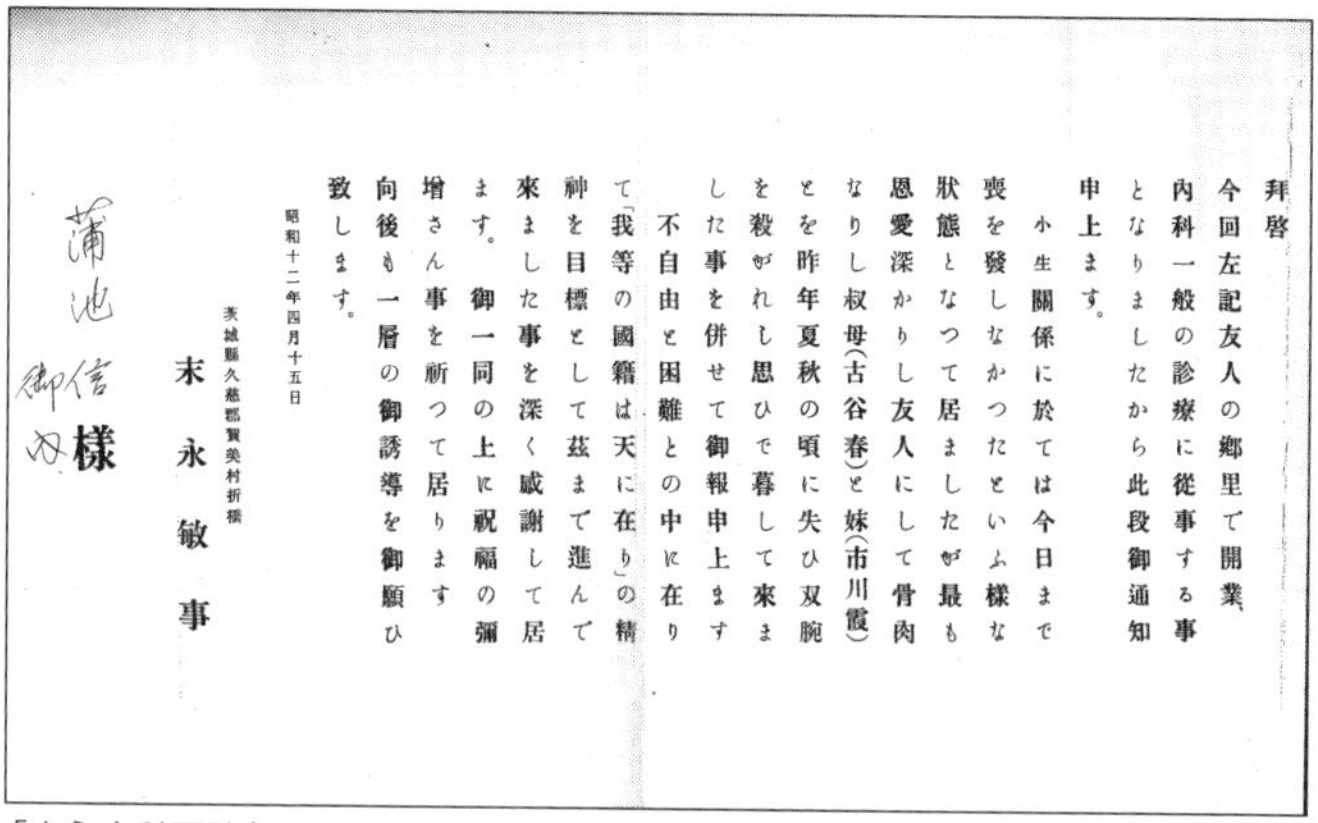

拝啓
今回左記友人の郷里で開業、内科一般の診療に従事する事となりましたから此段御通知申上ます。
　小生關係に於ては今日まで喪を發しなかつたといふ樣な狀態となつて居ましたが最も恩愛深かりし友人にして骨肉なりし叔母(古谷春)と妹(市川霞)とを昨年夏秋の頃に失ひ双腕を殺がれし思ひで暮して來ました事を併せて御報申上ます
不自由と困難との中に在りて「我等の國籍は天に在り」の精神を目標として茲まで進んで來ました事を深く感謝して居ます。御一同の上に祝福の彌増さん事を祈つて居ります
向後も一層の御誘導を御願ひ致します。

昭和十二年四月十五日

茨城縣久慈郡賀美村折橋

末永敏事

蒲池様

「末永内科医院」の開院あいさつ状＝高木謙次さん提供

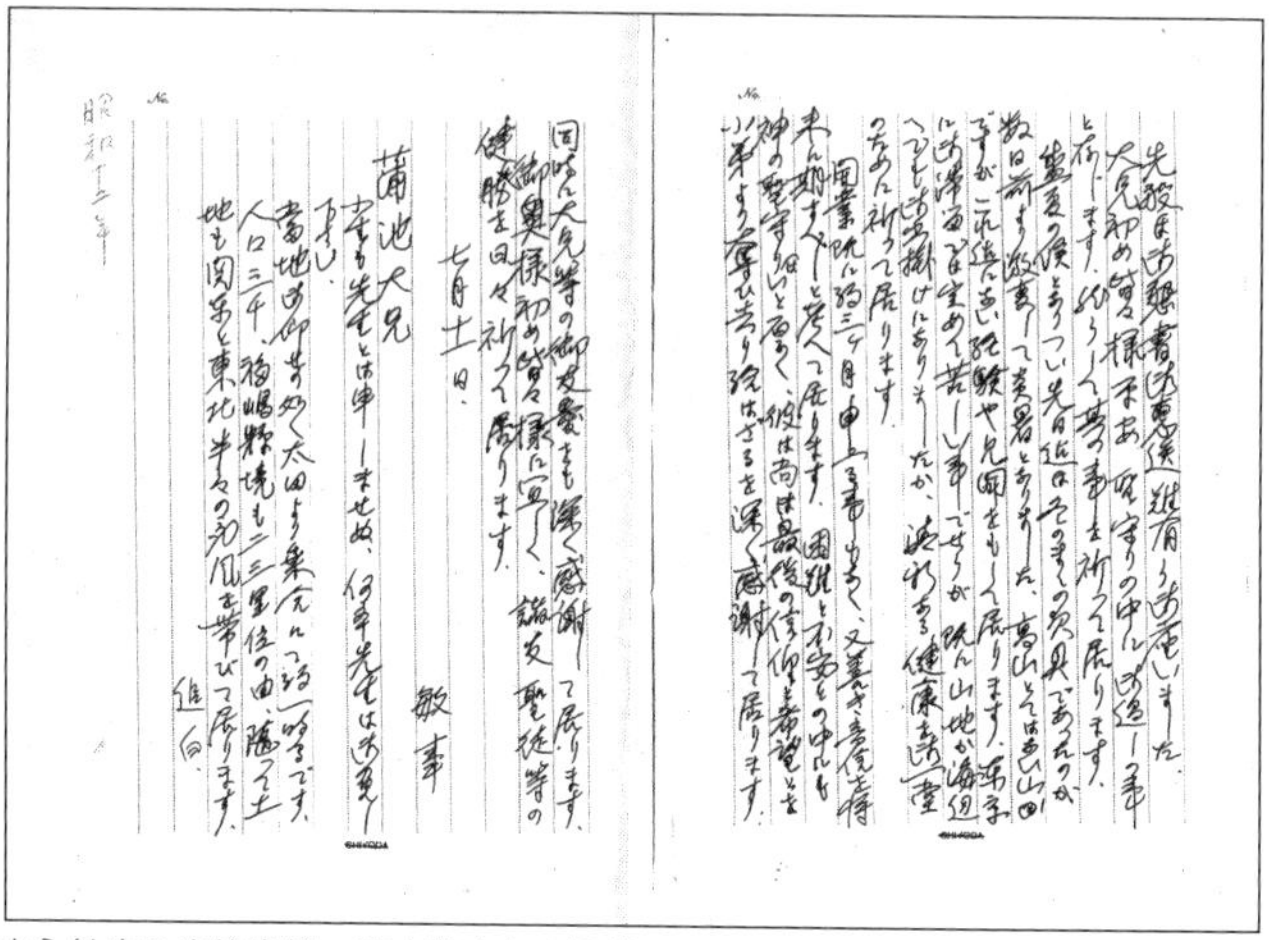

先般は御懇書御恵送難有う御座いました。
大兄初め皆々様お変り無く[illegible]の中に御過しの事と存じます。[illegible]其の事を祈って居ります。
盛夏の候となりつゝ先日迄はその季の気候であったのが数日前より[illegible]して炎暑となりました。高山とては無い山田ですが、これ迄に無い経験や気候をもして居ります。[illegible]
[illegible]が既ん山地が海辺へでも出掛けたくなりましたが、[illegible]健康者達のために祈って居ります
開業既に約三ケ月申上る事もなく、[illegible]
困難と不安との中にも神の[illegible]、彼は尚ほ最後の信仰と希望とを小弟より奪ひ去り給はざるを深く感謝して居ります。
同時に大兄等の御友愛をも深く感謝して居ります。
御奥様初め皆々様に宜しく、諸兄聖徒等の健勝を日々祈って居ります。
七月十一日
敏事
蒲池大兄
追白
[illegible]先生とは申しませぬ、何卒先生は[illegible]
当地の[illegible]如く太田より乗合れで約一時間です。人口三千、福島縣境も二三里位の由、随って土地も関東と東北半々の気風を帯びて居ります。

昭和十二年

末永敏事の直筆書簡＝高木謙次さん提供

続いて、へき地で個人医院を開くのは二度目ということになる。行き先がなぜ茨城だったのかは謎のままである。

突然サナトリウム医師に

一九三八年八月、敏事はさらに動く。

鹿島の保養農園も目下百三十名の病友を擁して五十余名の職員がこれまた流汗淋漓《りんり》の大活躍です。八月からは村尾園長を補佐するため（略）此度《このたび》、賀川豊彦先生の推薦で新たに末永敏事博士を迎へることに内定しました。末永博士は単身農園に住み込んで、高橋両先生と同様、病友と生活を共にして下さる筈《はず》です。

東京の社団法人白十字会が発行した機関誌『白十字』（一九三八年八月）の編集後記の記述である。

白十字会は一九一一（明治四四）年、クリスチャン医師らが結核救療を目的に東京で設立し、診療所などを運営。一九三五（昭和一〇）年には茨城県鹿島郡に結核療養施設として「恩賜保養農園」を開設した。

機関誌『白十字』の編集後記は、白十字会系諸施設の近況を短く伝える役割もあったようだ。

白十字会の恩賜保養農園の全景（『白十字会 100 年史』から）

茨城県北部の賀美村で一九三七（昭和一二）年四月に内科医院を開業したはずの敏事は、わずか一年後、今度は同県南部の鹿島郡に現れ、結核医として入職した。内科医院がどうなったのかは分からない。

そして、その就職は「賀川豊彦先生の推薦」であったという。

賀川豊彦（一八八八～一九六〇年）は、キリスト者として幅広い事業に取り組んだ社会運動家であり、大衆伝道者である。

若くして神戸の貧民街に移り住み、救済活動に取り組んだ。結核にかかりながら生還し、キリスト教に基づき民衆の中に入って献身的に働く前半生を書いた小説『死線を越えて』（一九二〇年）は一〇〇万部に達する日本初のミリオンセラーとなった。

生涯の行動は八面六臂《ろっぴ》で、労働運動や農民組合、後の生協につながる消費組合運動などで指導的な役割を果たした。

プロテスタントの立場から反戦運動にも身を置き、特高から長らく監視された。知名度が高く、弁論に長け、伝道のため講演すれば全国どこでも抜群の集客力を誇る〝スーパースター〟だった。

戦後は日本社会党結党に参加。ノーベル平和賞の候補にもなった。

弾圧され続けた賀川豊彦

賀川は常に非暴力、無抵抗を信条とする平和主義者として行動した。一九二九（昭和四）年に始まったプロテスタントの「神の国運動」では、大衆伝道者として全国を飛び回った。その前年には「全国非戦同盟」を組織し、代表者となった。戦争と軍備、帝国主義的侵略に反対する綱領を持つこの団体は、政府の対中国政策への危惧に端を発していた。

当然、特高は賀川を監視した。旧内務省資料「特高月報」の編集が始まった一九三〇（昭和五）年からその動向は把握され、「要注意言動者」としてたびたび登場する。

一九四〇（昭和一五）年八月、賀川は渋谷憲兵分隊に突然逮捕された。特高とは別に、憲兵隊も彼を監視していたのだった。

「反戦運動の嫌疑」で拘束された賀川は翌月、起訴されることなく釈放された。これを機に長らく刊行してきた雑誌『雲の柱』を廃刊。彼の活動は弱まる。

その後も訪米使節に加わるなどして、日米開戦の回避を探ろうとしたが、成果なく終わった。

日米開戦後の一九四三年にも特高、憲兵隊のそれぞれに拘束された。憲兵隊では、会員だった「国際反戦者同盟」からの脱会文を書かされた。そこで彼は、英米の横暴の前に自分は平和論を捨てざるを得ない——と述べた。賀川は公の言動では米英批判を強めながら、敗戦を迎える。このため後年、戦争協力に進む宗教界の流れに従ったとして批判を受けることになる。

著書に賀川の生涯を追った三部作がある雨宮栄一・中部学院大名誉教授は「確かに彼は妥協した。だが賀川が平和主義者でなくなったのかといえば、それは違う」という。

自身も牧師だった雨宮氏は、キリスト教会の戦争協力を「恥の歴史」と呼ぶ。だが、その渦中にいた賀川に関しては、その全生涯で評価すべきという。

「若いころから神戸で貧しい人を助け、その後も、病気の友人を自宅に引き取り、世話をした。ずっとそんな生活を続けた。真からそういう人なのだと思う。みんなで助け合いたい、弱い者が淘汰《とうた》されてはならない——という信念を生涯貫いた」

志は生涯変えず、巨大な圧力の中で、敗戦まで苦しみ続けたのが賀川なのだと雨宮氏は考える。

賀川豊彦について記しておくため、時間を敗戦まで進めたが、賀川が末永敏事を茨城県のサナトリウムにあっせんしたのは一九三八（昭和一三）年である。話

賀川豊彦＝賀川豊彦記念松沢資料館提供

をそこに戻す。

敏事と賀川の接点は？

五一歳になった敏事は賀川の紹介で茨城県鹿島郡の結核療養施設、白十字会保養農園に住み込み医師として就職した。

『白十字会１００年史』（白十字会１００年記念誌発行事務局編、二〇一三年）によれば、賀川は同会の理事を一九二六〜三六年まで務めている。その後は顧問に就任しており、同会の有力者の一人だったといえる。

従って賀川が敏事をあっせんすることは可能だったと考えられるが、そもそもこの二人の関係が分からない。いつ知り合い、どんな関係だったのか。なぜ賀川はこの施設に紹介したのか――とさまざまな問いがわいてくる。

敏事と賀川の接点を想像するとすれば、いくつかの機会を挙げることはできる。

敏事は一九一四（大正三）年ごろから一九二〇年代中盤まで米国に滞在したが、賀川は一九一〇年代に米留学し、一九二四（大正一三）年にも米国旅行をしている。

また、挫折したとはいえ賀川はプロテスタントの反戦運動を組織した時期もある。

そして、敏事は大正期の日本では有数の結核研究者であり、賀川は結核救療を目指す白十字会の理事を長く務めた。両者が遭遇し得る状況はあったといえる。

神学者で、賀川の生涯を描いた著書もある雨宮栄一・中部学院大名誉教授は「二人が旧知だった可能性もあるが、どちらかといえば敏事が相当追い詰められた後になって、賀川を頼ったというのが真相に近いように思える」と話す。

「賀川は既に社会運動家として著名だった。窮地の敏事は、同じプロテスタントであり、医療にも関係していた賀川ならと接近したのではないか。あるいは敏事に頼まれた医療関係者が引き合わせた可能性も考えられるだろう」

白十字会の林間学校（『白十字会 100 年史』から）

白十字会は、大正初期から神奈川県茅ケ崎で病児養護施設の「林間学校」を運営していた。

一方、裏付けはないが敏事は一九三〇年代の一時期、茅ケ崎で開業したが間もなく閉鎖に追い込まれたとする記録がある。これが事実と仮定して、敏事がいた時期に白十字会理事の賀川が茅ケ崎に来ていたと仮定すれば、二人が遭遇していた可能性はある。ただ、これは仮定の重ねすぎと言われそうだ。

白十字会は二〇一一年、創立一〇〇周年を迎えた。

戦後は社会福祉法人となり、現在も東京と鹿島で総合病院や高齢者施設、介護事業などを展開している。本部事務局（東京）によると、一九三八年当時の医師名簿は残っていない。『白十字会100年史』にも、敏事の名前はない。

医療関係者職業能力申告令

一九三七（昭和一二）年の日中戦争突入を受け、近衛文麿内閣は、国民を戦争体制に従わせるため「国民精神総動員運動」を打ち出し、翌三八年、人と物を統制して戦争に集中させていく国家総動員法を施行した。

国家総動員法によって、政府は戦時に国民を徴用でき、国民の職業を把握できるようになった。これを受け三九年、国民徴用令と国民職業能力申告令が出された。

大義名分を掲げた国家が順法とみえる手続きを踏んで着々と制度を強めていく中で、国民はむしろ自発的に政府・軍部に従うのが当然という意識へと向かわされていく。

国民はすすんで戦争体制に従った。宗教界も例外ではなかった。そして新聞も、政府・軍部に抗するどころか、自ら戦時色をあおった。

これまで、戦争へと向かう国家に宗教界が恭順したことを述べてきたが、それでも一部の宗教団体は弾圧され、獄死者も出した。個人で抵抗を続けた人たちもいた。

では新聞に組織的抵抗の動きはあったたか。弾圧されても屈しなかった新聞記者が何人いたか。その戦争責任は重く、権力を監視する新聞を持ち得なかった日本国民は不幸だった。

国民の中で政府が最初に管理しようとしたのは、医療従事者だった。

国民職業能力申告令に先立ち、医師、歯科医師、薬剤師、看護婦に対してだけは一九三八年、「医療関係者職業能力申告令」が出された。戦時において専門技能者、とりわけ医療従事者の把握と機能的運用が重視されていたことが分かる。

医師の場合、氏名、性別に始まり診療能力、学歴・職歴、総動員業務従事への支障の有無、その従事への希望など一六項目を地方長官に申告しなければならなかった。

一九三八年夏に茨城県鹿島郡の結核療養施設、白十字会保養農園に入職したばかりの医師末永敏事も職業能力申告を求められた。

しかし彼が一〇月四日付で茨城県知事宛てに郵送した回答書は、当局にとって尋常ならざる内容だった。

「医師職業能力申告の徴集勤務の療養所医師として入所の除隊兵及兵士家族に必要の書類作成の如き事項に当面し平素所信の自身の立場を明白に致すべきを感じ茲に拙者が反戦主義者なる事及軍務を拒絶する旨通告申上げます」

国民精神総動員のスローガン（長崎市の少国民資料館）＝長崎新聞社撮影

国家総動員の始まりの年に、彼は医師としての軍務を拒否した。

逮捕

医療関係者職業能力申告令に対し、敏事は結核療養施設医師の業務として、入所除隊兵らに対する書類手続きがあることを挙げ、「自分は反戦主義者だから、軍務は拒否する」と回答し、茨城県特高に逮捕された。

「特高月報昭和十三年十月分」によれば、拘束は一〇月六日のことだった。結核研究者として米国で活躍していた時期から一〇年余り。キリスト教思想家内村鑑三の非戦論に触れたであろう時期からは約三五年を経た捨て身の反戦行動である。

敏事の申告内容は当局を驚愕《きょうがく》させただろう。いやあるいは、危険思想の持ち主として既に監視されていたのであれば、特高にとってそれは、ようやく逮捕のタイミングが到来しただけのことだったかもしれない。

敏事の検挙が記された旧内務省資料「特高月報」は当局の記録に過ぎない。特高警察史に詳しい荻野富士夫・小樽商科大特任教授は「『当局による記述』という前提で読む必要がある」と言う。

だが敏事の場合は「自分から文書を送っている点で、これが特高の捏造《ねつぞう》とは想像しにくい。

おそらく記述は事実だろう」と推測する。

内心に秘めた反戦思想が露見したのではない。敏事は戦争体制を確立する国家総動員の手続きに従い、わざわざ「自分は反戦主義者だ」と名乗り出た。戦時下の行動としては、当局への挑戦に等しい。

一九三八年一〇月に身柄が拘束され、長い勾留が始まる。特高月報で敏事の容疑名が明らかになるのは翌三九（昭和一四）年の「昭和十四年一月分」。逮捕から三カ月以上も茨城県特高に拘束されていたことがうかがえる。

荻野氏によると、治安維持法違反で検挙された約六万八千人のうち、送検されたのは二割、起訴されたのはさらにその半数。起訴率は低かった。

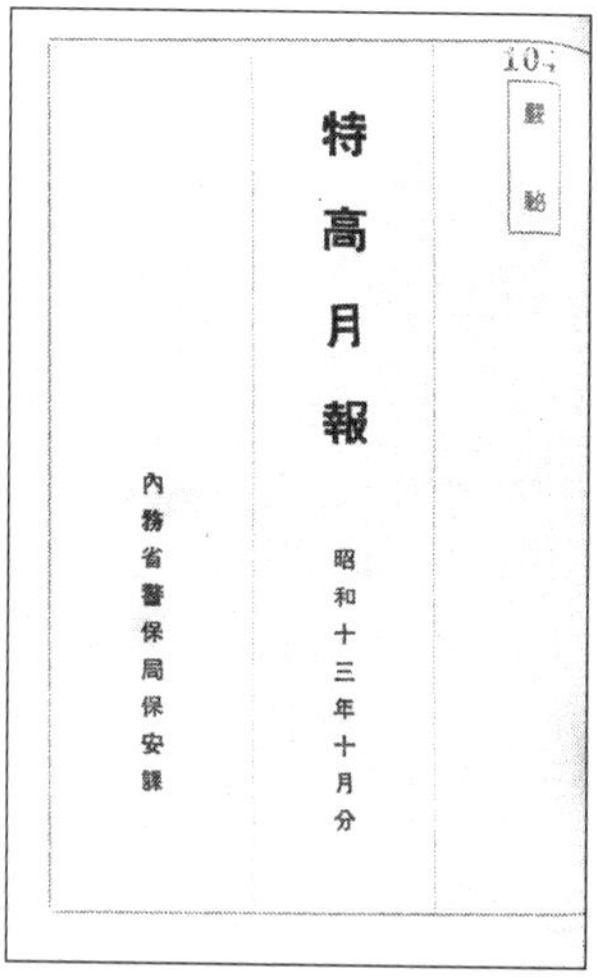

復刻版「特高月報昭和十三年十月分」の表紙＝長崎県立長崎図書館所蔵

もともと日本の司法に、これほど大量の刑事訴訟手続きをすべて賄う容量はなく、送検、起訴が少ないのは実は当然だった。

一方、検挙によって容疑者は「不逞《ふてい》の輩《やから》」という社会的評価を着せられた。また、取り調べで拷問が横行したことは既に述べたが、警察段階での長期拘束は容疑者を心身共に疲弊させ、健康を悪化させる者も多かった。検挙はむしろ「痛めつける」効果が意図され、裁判で刑を科すことは必須の到達点ではなかった。

だが敏事の事件は検事局に送られ、起訴へと向かう。送検は一九三九年一月一七日。容疑名は治安維持法違反や医療関係者職業能力申告令の勅令違反ではなく、「陸海軍刑法違反と不敬」だった。

「日本が仕掛けた侵略」

「特高月報昭和十四年一月分」に掲載された「基督教信者の陸海軍刑法違反被疑事件送局」の項には、茨城県の白十字会保養農園医師末永敏事の容疑内容が初めて出てくる。

（略）昨年七月二十三日賀川豊彦の紹介に依り前記農園に入り勤務中の者なりしが、本名は頑強なる反戦思想抱持者にして、予《かね》て支那事変等《など》に関し不穏の言動ありたるのみならず、昨年十月四日付茨城県知事宛医療関係者職業能力の申告に関し露骨にも「拙者が反戦主義者なること及軍務を拒絶する云々《うんぬん》」の通告を郵送せるを以て、茨城県当局に於《お》いては同月六日本名を陸海軍刑法違反に問疑し検挙（昨年十月分月報参照）する所ありたり。

茨城県特高は、敏事の就職が白十字会顧問だった賀川豊彦の仲介によることを把握していた。日中戦争に関する不穏言動者であったことも把握していたようだ。

さらに逮捕後の捜査で突き止めた事実として、保養農園医師だった敏事が、事務長ら十数人に対して述べていた言葉を次のように記している。

「日支事変は支那から仕掛けられて居るのでなく日本から仕掛けた侵略戦争である。」

「現在日本の政治の実権は軍部が握つて居る、近衛首相は軍部に乗ぜられて居る其《そ》の現

三、宗教犯罪其の他不正行爲の取締狀況

（一）基督教信者の陸海軍刑法違反被疑事件送局　茨城縣鹿島郡軽野村大字奥野谷濱在住 白十字會保養農園醫師醫學博士末永敏事當五十三年は、明治三十六、七年頃青山學院中等科在學中基督教に入信し、爾來無教會派故内村鑑三等の指導を受け今日まで信仰を續け來りたる所、昨年七月二十三日賀川豊彦の紹介に依り前記農園に入り勤務中の者なりしが、本名は頑強なる反戰思想抱持者にして、嘗て支那事變等に關し不穩の言動ありたるのみならず、昨年十月四日附茨城縣知事宛警察關係者殘業能力の申告に關し當局にも「讀者が反戰主義者なること及業務を拒絶する云々」の通告を郵送せるを以て、茨城縣當局に於ては同月六日本名を陸海軍刑法違反に問擬し檢擧（昨年十月分月報參照）する所ありたり。

其の後證據蒐集の爲關係者に付捜査を進めたる處、本名は昭和十二年七月支那事變勃發以來茨城縣久慈郡賀美村大字折橋佐川道一郎及前記保養農園事務長篠原雅雄其の他十數名に對し「日支事變は支那から仕掛けられて居るのでなく日本から仕掛けた侵略戰爭である。」、「現在日本の政治の實權は軍部が握つて居る、近衞首相は軍部に乘ぜられて居る 其の現はれが日支事變である。軍部の方針は世界侵略を目指して居る。」、或は「今次事變の當局發表新聞記事、戰爭ニュースは虚僞の報道である。新聞に報はる〻戰死者の狀況は戰爭目的遂行の爲の虚報で實際は我軍の戰死者は發表以上に達して居る。」、或は「今度の戰爭は東洋平和の爲であると云ふて居るが事實は侵略戰爭である。戰爭は御神意に反する事であるから戰爭に贊成することは日本が亡びることに贊成する樣なものだ。」、等と造言飛語を爲したる事實明かとなれり。

復刻版「特高月報昭和十四年一月分」118 頁＝長崎県立長崎図書館所蔵

更に又同人の家宅を任意捜索したる結果、本名自筆の「権能を持過ぎる天皇を無暗に尊長し國家の主権を軽んじ」、「憲法やめてしまつて昔の専制君主にでもして天皇陛下が赤ちやんだらうとお爺様になられやうと唯々天皇陛下の仰を御無理御尤もとやつてゐれば宜しい」、「尊氏が世人の言ふが如く逆賊ならず彼も當時の人々に比し眞理即ち正義と愛との味方なりし點の少からざりしを看見するのみ、ゴダイゴ帝は感情の人なり‥‥彼の場合は國民本位か一帝本位かの問題であつた‥‥帝は英邁であつたが國民の救濟國家の統一と言ふ實際事業に對する能力技量といふのは又別問題である」、「小生家族全廢論者なるが故に陸海軍人種と關係あることを酷しく嫌ふ。次に平民主義者なるが故に特権階級例令は皇族、貴族、富豪等と何等の關係あるを拒絶する」等と不敬の疑ある字句記載の紙片を發見せり。

然れども被疑者は茨城縣當局の取調に對し頑強に前記事實の供述を拒否し續け、毫も反省の色を示さず、因つて同縣當局に於ては所轄検事と打合せの上[illegible]外十數名の關係人聴取書及前記紙片の證據物件等を添へ本月十七日陸海軍刑法違反並に不敬の疑ある事件として身柄を送局したり。

復刻版「特高月報昭和十四年一月分」119頁＝長崎県立長崎図書館所蔵

はれが日支事変である。軍部の方針は世界侵略を目指して居る。」

「今次事変の当局発表新聞記事、戦争ニュースは虚偽の報道である。新聞に顯《あら》はる、戦死者の状況は戦争目的遂行の為《ため》の虚報で実際は我軍の戦死者は発表以上に達して居る。」

「今度の戦争は東洋平和の為であると言ふて居るが事実は侵略戦争である。戦争は御神意に反する事であるから戦争に賛成することは日本が亡びることに賛成する様なものだ。」

今の日本は軍部が牛耳り、近衛文麿首相に実権はない。東洋平和のためというが、実際は日本から仕掛けた侵略戦争だ。日中戦争に関する新聞記事は虚偽で、日本軍の戦死者は発表より多い。戦争は神の意志に反するから、それに賛成するのは日本が亡びるのに賛成するようなものだ——。

敏事は職場で、時局を言い当て、軍部を批判し、キリスト者の論理で反戦を説いていた。

造言飛語罪

「特高月報」は、特別高等警察による記録であり、記述のすべてが事実かどうかは留保が必要だ。たとえ農園職員らの証言をそのまま記していたと仮定しても、証言した関係者の記憶が正確だったかどうかも分からない。

しかし、もともと敏事が反戦主義者であることは本人が宣言した通りだし、日中戦争に対する批判は、このころの無教会主義キリスト者に一定共通した認識でもあった。

東京帝大教授の職を追われた矢内原忠雄や、鳥取県米子市で逮捕された伝道者藤沢武義ら、内村鑑三の影響下にある無教会の伝道者も、満州事変や日中戦争など日本の大陸侵略を一九三〇年代の時点で厳しく批判し、当局の圧力を受けていた。

信者の間では、各地の伝道者がそれぞれ発行した伝道雑誌が流通していた。同じ無教会の敏事も、それらの情報をもとに軍部批判を強めていたとも考えられる。

さらに、敏事が記した論考や詩を見ると、宗教的根拠による平和思想や文明批判はまさに内村譲りであり、その信条に迷いは感じられない。

敏事の容疑としては、陸海軍刑法違反の中の「造言飛語罪」が充てられている。

造言飛語罪は、軍事に関し根拠のない作り話を流したとみなされた場合に適用された軍刑法の規定である。

対中国戦は侵略戦争だと公言した敏事の言動は「戦争遂行を妨害する根拠のない作り話の流布に当たる」という理屈だろう。

軍刑法は軍人を規律する法律だが、軍の警察である憲兵隊がスパイ防止の摘発を重視するようになるに従い、一九三〇年代以降、民間人への軍刑法や軍機保護法の適用も目立つようになる。特高もまた、その立件に手を広げていく。

政府・軍部は戦時の国内対策として、厭戦《えんせん》気分など国民の離反に神経をとがらせていた。そんな中で特高も憲兵隊も、国民の訓導を任務として自負していた。

特高は、敏事に白十字会保養農園の医師職をあっせんしたのは社会運動家の賀川豊彦だったと認識していたわけだが、この事件に関し、賀川にも捜査が及んだ形跡はうかがえない。だが、その賀川も一九四〇年以降、当局の拘束を複数回受けることになる。

一九三八（昭和一三）年一〇月に逮捕された敏事は、翌三九年一月送検された。容疑には造言飛語罪だけでなく、不敬の疑いも加えられていた。

当局は不敬罪を敬遠

旧刑法では、天皇や皇室の尊厳を害する一切の行為が禁じられ、違反すれば不敬罪に問われた。

茨城県特高は、一九三九（昭和一四）年一月に陸海軍刑法違反容疑で敏事を検事局に送った際、その容疑に不敬の疑いも追加した。

敏事の送検を記した旧内務省資料「特高月報昭和十四年一月分」は、敏事の自宅を捜索したところ、天皇を批判した文の書かれた本人自筆の紙片を発見したとしている。

例として「権能を持過ぎる天皇を無暗《むやみ》に尊長し国家の主権を軽んじ」との文や、「憲法やめてしまつて昔の専制君主にでもして天皇陛下が赤ちゃんだらうとお爺《じい》様になられやうと唯々《ただただ》天皇陛下の仰《おおせ》をご無理ご尤《もっと》もとやつてゐれば宜《よろ》しい」といった文が書かれていたとしている。

たとえ紙片があったのが事実だったとしても、断片的で意味不明な部分もある奇妙な文だ。そんな紙片がしまい込まれていた程度でも、送検容疑にされた。

しかし同年二月一六日の起訴段階では、罪名から不敬罪が消え、陸海軍刑法違反（造言飛語罪）だけになっていたようだ。

天皇制の護持は政府の絶対方針であり、不敬は国民にあってはならないことだった。従って当局は不敬罪容疑の摘発に取り組んだが、その送検、起訴には消極的だったようだ。

荻野富士夫・小樽商科大特任教授は「訴追すれば、その状況が目立ってしまう。まるで天皇制への不信感が国民に広がっているように、自ら言ってしまうことになる。それは当局にとって不都合だった」と話す。敏事の事件でも、結果として検察は不敬罪を起訴の罪名に加えなかった。

敏事は、国家総動員で医療従事者に命じられた職業能力申告に際し、県知事宛てに「拙者が反戦主義者なる事及軍務を拒絶する旨通告申上げます」と回答したことによって逮捕された。これは「医療関係者職業能力申告令」という勅令への違反である。

しかし彼は、造言飛語罪だけを裁かれることになった。国家総動員が出発した一九三八（昭和一三）年に、社会的地位のある医学者が犯した勅令違反を、特高と検察は看過した。動員拒否なら重大だが、職業能力申告はその準備段階にすぎないという見立てだったのだろうか。

荻野氏は「治安維持法は組織の壊滅を目的とした法で、敏事の事件にはなじまない。これに対し、造言飛語罪は小回りが利き、組織的背景が薄い個人を罰する際に使いやすい条文。敏事の場合、造言飛語罪で起訴すれば確実に罰することができた」と話す。

収監

造言飛語罪で起訴された敏事の刑事裁判は一九三九（昭和一四）年三月一八日、水戸区裁判所で開かれた。

結核療養施設で「日中戦争は侵略」と公言したとして訴追された敏事だが、旧内務省資料

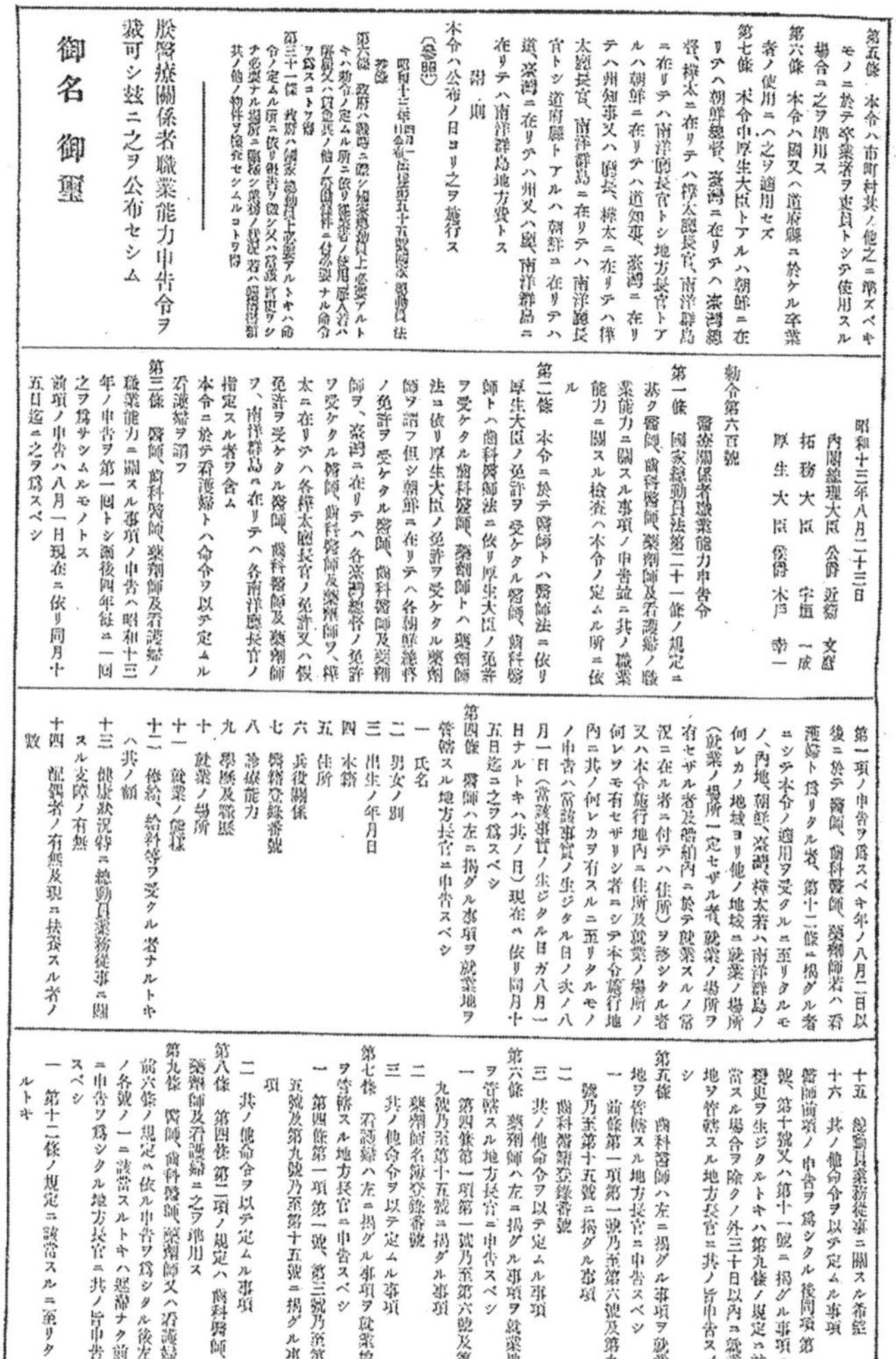
第五條 本令ハ市町村其ノ他之ニ準ズベキモノニ於テ卒業者ヲ吏員トシテ使用スル場合ニ之ヲ準用ス
第六條 本令ハ國又ハ道府縣ニ於ケル卒業者ノ使用ニハ之ヲ適用セズ
第七條 本令中厚生大臣トアルハ朝鮮ニ在リテハ朝鮮總督、臺灣ニ在リテハ臺灣總督、樺太ニ在リテハ樺太廳長官、南洋群島ニ在リテハ南洋廳長官トシ地方長官トアルハ朝鮮ニ在リテハ道知事、臺灣ニ在リテハ州知事又ハ廳長、樺太ニ在リテハ樺太廳長官、南洋群島ニ在リテハ南洋廳支廳長トシ道府縣トアルハ朝鮮ニ在リテハ道、臺灣ニ在リテハ州又ハ廳、南洋群島ニ在リテハ南洋群島地方費トス
附 則
本令ハ公布ノ日ヨリ之ヲ施行ス
(參照)
昭和十三年四月一日公布法律第五十五號國家總動員法抄錄
第六條 政府ハ戰時ニ際シ國家總動員上必要アルトキハ勅令ノ定ムル所ニ依リ從業者ノ使用、雇入若ハ解雇又ハ賃金其ノ他ノ從業條件ニ付必要ナル命令ヲ爲スコトヲ得
第三十一條 政府ハ國家總動員上必要アルトキハ命令ノ定ムル所ニ依リ報告ヲ徵シ又ハ當該官吏ヲシテ必要ナル場所ニ臨檢シ業務ノ狀況若ハ帳簿書類其ノ他ノ物件ヲ檢査セシムルコトヲ得

朕醫療關係者職業能力申告令ヲ裁可シ茲ニ之ヲ公布セシム

御名 御璽

昭和十三年八月二十三日
内閣總理大臣 公爵 近衞文麿
拓務大臣 宇垣一成
厚生大臣 侯爵 木戸幸一

勅令第六百號
醫療關係者職業能力申告令
第一條 國家總動員法第二十一條ノ規定ニ基ク醫師、齒科醫師、藥劑師及看護婦ノ職業能力ニ關スル事項ノ申告並ニ其ノ職業能力ニ關スル檢査ハ本令ノ定ムル所ニ依ル
第二條 本令ニ於テ醫師トハ醫師法ニ依リ厚生大臣ノ免許ヲ受ケタル醫師、齒科醫師トハ齒科醫師法ニ依リ厚生大臣ノ免許ヲ受ケタル齒科醫師、藥劑師トハ藥劑師法ニ依リ厚生大臣ノ免許ヲ受ケタル藥劑師ヲ謂フ但シ朝鮮ニ在リテハ各朝鮮總督ノ免許ヲ受ケタル醫師、齒科醫師及藥劑師ヲ、臺灣ニ在リテハ各臺灣總督ノ免許ヲ受ケタル醫師、齒科醫師及藥劑師ヲ、樺太ニ在リテハ各樺太廳長官ノ免許又ハ假免許ヲ受ケタル醫師、齒科醫師及藥劑師ヲ、南洋群島ニ在リテハ各南洋廳長官ノ指定スル者ヲ含ム
本令ニ於テ看護婦トハ命令ヲ以テ定ムル看護婦ヲ謂フ
第三條 醫師、齒科醫師、藥劑師及看護婦ノ職業能力ニ關スル事項ノ申告ハ昭和十三年ノ申告ヲ第一回トシ爾後四年毎ニ一回之ヲ爲サシムルモノトス
前項ノ申告ハ八月一日現在ニ依リ同月十五日迄ニ之ヲ爲スベシ
第一項ノ申告ヲ爲スベキ年ノ八月二日以後ニ於テ醫師、齒科醫師、藥劑師若ハ看護婦ト爲リタル者、第十二條ニ揭グル者ニシテ本令ノ適用ヲ受クルニ至リタルモノ、内地、朝鮮、臺灣、樺太若ハ南洋群島ノ何レカノ地域ヨリ他ノ地域ニ就業ノ場所(就業ノ場所一定セザル者、就業ノ場所ヲ有セザル者及艦船内ニ於テ就業スルノ常況ニ在ル者ニ付テハ住所)ヲ移シタル者又ハ本令施行地内ニ住所及就業ノ場所ノ何レヲモ有セザリシ者ニシテ本令施行地内ニ其ノ何レカヲ有スルニ至リタルモノノ申告ハ當該事實ノ生ジタル日ノ次ノ八月一日(當該事實ノ生ジタル日ガ八月一日ナルトキハ其ノ日)現在ニ依リ同月十五日迄ニ之ヲ爲スベシ
第四條 醫師ハ左ニ揭グル事項ヲ就業地ヲ管轄スル地方長官ニ申告スベシ
一 氏名
二 男女ノ別
三 出生ノ年月日
四 本籍
五 住所
六 兵役關係
七 醫籍登錄番號
八 診療能力
九 學歷及經歷
十 就業ノ場所
十一 就業ノ態樣
十二 俸給、給料等ヲ受クル者ナルトキハ其ノ額
十三 健康狀況特ニ總動員業務從事ニ關スル支障ノ有無
十四 配偶者ノ有無及現ニ扶養スル者ノ數
十五 總動員業務從事ニ關スル希望
十六 其ノ他命令ヲ以テ定ムル事項
醫師前項ノ申告ヲ爲シタル後同項第一號、第十號又ハ第十一號ニ揭グル事項ニ變更ヲ生ジタルトキハ第九條ノ規定ニ該當スル場合ヲ除クノ外三十日以内ニ就業地ヲ管轄スル地方長官ニ其ノ旨申告スベシ
第五條 齒科醫師ハ左ニ揭グル事項ヲ就業地ヲ管轄スル地方長官ニ申告スベシ
一 前條第一項第一號乃至第六號及第九號乃至第十五號ニ揭グル事項
二 齒科醫籍登錄番號
三 其ノ他命令ヲ以テ定ムル事項
第六條 藥劑師ハ左ニ揭グル事項ヲ就業地ヲ管轄スル地方長官ニ申告スベシ
一 第四條第一項第一號乃至第六號及第九號乃至第十五號ニ揭グル事項
二 藥劑師名簿登錄番號
三 其ノ他命令ヲ以テ定ムル事項
第七條 看護婦ハ左ニ揭グル事項ヲ就業地ヲ管轄スル地方長官ニ申告スベシ
一 第四條第一項第一號、第三號乃至第五號及第九號乃至第十五號ニ揭グル事項
二 其ノ他命令ヲ以テ定ムル事項
第八條 第四條第二項ノ規定ハ齒科醫師、藥劑師及看護婦ニ之ヲ準用ス
第九條 醫師、齒科醫師、藥劑師又ハ看護婦前六條ノ規定ニ依ル申告ヲ爲シタル後左ノ各號ノ一ニ該當スルトキハ遲滯ナク前ニ申告ヲ爲シタル地方長官ニ其ノ旨申告スベシ
一 第十二條ノ規定ニ該當スルニ至リタルトキ

医療関係者職業能力申告令の条文の一部

「特高月報」の続報によれば、判事の質問に対し、認否を含め一切証言せず結審した。禁錮三月の判決が言い渡されたが、敏事は控訴した。

ところが四月二七日に水戸地方裁判所で開かれた控訴審で、またも敏事は何も語らなかったとされる。再び禁錮三月の判決が出た。このときは上訴せず判決は確定。ついに敏事は収監された。

敏事が「反戦主義者として軍務を拒否する」と県知事に送り付けた文書通告は、能動的かつ頑強な反軍行動だった。だが逮捕されると一転して警察、検察、裁判所とどの段階でも何かを供述した様子がない。

一審判決を不服として控訴しながら、その控訴審でも沈黙を通した。敏事に積極的な姿勢は見られず、ただ頑強さだけがうかがえる。

同じく反戦を唱え監視されたキリスト者には、その信仰に基づく平和思想を隠さない傾向があったし、検挙されると、今度は取り調べや法廷の場で自身の信条を伝えるべく、むしろ積極的に語る人たちもいた。

たとえば無教会主義では、北海道で農民伝道に携わり一九四三年逮捕された浅見仙作、山形県の豪雪地で学校を開き非戦を唱え一九四四年逮捕された鈴木弼美《すけよし》らが、検挙前は無論、警察に拘束されて以降も非戦の主張をやめなかった。

敏事は孤独な人物というイメージを抱かせるが、一方で、島原半島の医師会では公立結核診療所の創設を力説したらしいし、師を慕い、文明を危惧する詩やコラムの中の語り口は能弁でもある。「特高月報」に記載された職場の同僚たちの証言が事実であれば、敏事は日中戦争を「侵略」と言い当て、軍部批判を展開していた。

だが警察、公判で敏事は黙したらしい。それがなぜかは分からない。

浅見仙作も鈴木弼美も、米子の伝道者藤沢武義や東京帝大を追われた矢内原忠雄も、戦時下に政府・軍部の戦争体制を批判し、その信仰と平和思想を貫いた抵抗者として語り継がれている。それは、それぞれの信念と活動が特筆に値するものだったからなのは言うまでもない。

だが、彼らが歴史に名を残した理由はそれだけではなかろう。弾圧を生き抜き、戦後社会に復帰したからこそ、脚光を浴びた側面もある。

浅見仙作＝NPO 法人今井館教友会提供

鈴木弼美＝NPO 法人今井館教友会提供

藤沢は戦後、地元で伝道を再開。戦前の思想弾圧を糾弾し、信仰と時事問題を語り続けた。浅見、鈴木、矢内原も戦後を生きた。鈴木は晩年、自衛隊違憲訴訟も起こしている。

敏事の場合、その信条を伝える記録が乏しい。本人の文章や発言の記録があるいはもっとあるのかもしれないが、見つかっているのはわずかだ。晴れて潔白となる前に死亡したので、戦後に語った言葉もない。反戦思想を詳述する機会も、自分の逮捕事件を糾弾する機会も彼にはなかった。

疑問

結果として敏事は、日中戦争への批判を公言した陸海軍刑法違反（造言飛語罪）で禁錮刑となった。だが逮捕されたきっかけは、茨城県の白十字会保養農園医師として、医療関係者職業能力申告令に従って提出した申告書に、結核除隊兵への対応を拒否すると記した勅令違反だった。

そう申し出た理由は、申告書で本人がまさに宣言した通り、「反戦主義者」だからである。

旧内務省資料「特高月報昭和十四年一月分」によれば、茨城県特高は、敏事宅の家宅捜索で「小生軍備全廃論者なるが故に陸海軍人団と関係あることを酷《きび》しく嫌ふ。次に平民主義者なるが故に特権階級例令は皇室、貴族、富豪等と何等《なんら》の関係あるを拒絶する」と書かれた紙片も発見したと報告している。

軍では、集団生活の中で結核感染が拡大し、多くの兵員が発病した。

一九三五（昭和一〇）年、茨城県東海村に日本初の除役結核軍人療養施設として財団法人村松晴嵐荘が開設。三七年、国に移管された。同施設は戦後、国立療養所となり、現在は国立茨城東病院胸部疾患・療育医療センターとして運営されている。

結核予防会の島尾忠男元会長は、敏事が逮捕された一九三八（昭和一三）年について「軍隊での結核が大きな問題になりかかっていたころ」とし、「村松晴嵐荘は当初一〇〇床で発足したが、そこに入れなかった患者は他の結核施設に収容され、同県内の白十字会もその一つだったと考えられる」という。

敏事は、除隊兵の結核対応も軍政策の一環とみなし、それに医師が従事することを軍務と受け止めた。彼はその仕組み自体を拒んだのだろう。

だが、彼は国民病結核の克服を志した医学者である。白十字会保養農園に就職したのも、死の病といわれた結核になった人々に医師として寄り添う能力があったからだ。

そこで彼は、軍人と非軍人をえり分けたということになる。相手は除隊兵であり、結核患者であって、そんな個人を治療し、回復させる仕事まで拒否する必要があったのか――という疑問もわく。

一九二九（昭和四）年ごろ、故郷北有馬村で開業した際は、日曜の診療をかたくなに拒んだとされる。キリスト者としての行動だったかもしれないが、急患を診ない医師として、住民の

茨城県東海村に 1935 年開設された村松晴嵐荘

不興を買ったという話も残っている。

敏事は反軍を信条とした。だから軍務を拒絶したが、その結果、患者に背を向けたと言わざるを得ない。「平民主義者」として、結核除隊兵は救うべき対象ではなかったのか。その点は敏事に問い掛けてみたかった気がする。

敏事は一九三九（昭和一四）年に収監され、出所したとみられ、そこで彼の消息は再び分からなくなる。妻子と離別し、故郷の島原半島・北有馬村を去ってからは六年が経過している。この年の春、敏事は五二歳になっている。

茨城県の結核療養施設で反戦言動をしたとして逮捕された敏事が出所後、医師として働くことができたとは思えない。であれば、いったい彼はどこで、何をしていたのだろうか。

四章　思想弾圧

「生涯を背負い述懐する」

敏事の幼なじみだった井村兼治《けんじ》（一八九四〜一九七四年）は苦学して上京し、東京で歯科医院を開業した。

北有馬村今福《いまぶく》で明治二七年に生まれた兼治は少年のころ、敏事に「おまえは将来どうする」と問われ、「歯医者になる」と答えた。

敏事と対照的に貧しさから中学へ進むことはできなかった。だが学問を断念せず、一四歳のころ台湾へ渡り、働きながら中学卒業資格試験に合格した。

その後、行李一つを背負って東京へ。日本の近代歯科医学に足跡を残すことになる血脇守之助の書生となり、敏事との誓い通りに歯科医の資格を取った。まだ東京の郊外だった新宿で医院を開いたのは大正の初めごろという。

北有馬村の少年期以降、兼治と敏事が会うことはなかったが、兼治は敏事の境遇をある程度私は生涯を背負って述懐することが一つあります。
もっと早く、気の済むように何らかの手配をするか、又はどなたかのお知恵を頂戴すればよかったと、今更ながら後悔しております。

さて、此の事は私の父・井村兼治と父の親友・末永敏事先生の事であります。簡単に説明致したく思います。

「私は生涯を背負って…」と始まる井村正治の手記「述懐」＝井村修治さん提供

知っていたようだ。ということは文通などの通信があったとも推測できる。

兼治の長男、井村正治（一九一五〜二〇一二年）は東京で生まれ、やはり歯科医になった。

間もなく応召し、満州に投入されて各地を転戦。一九三九（昭和一四）年には、日本とソ連が衝突したノモンハン事件にも後方部隊にいて遭遇した。軍役を終え帰還すると、歯科医の生活に戻った。

そして、敗色強まる一九四三（昭和一八）年、新宿一丁目の井村歯科医院での出来事である。

院長は兼治。二代目の正治は日本鋼管病院に勤務する傍ら、父の医院で代診することもあった。

> 私は生涯を背負って述懐することが一つあります。
> もっと早く、気の済むように何らかの手配をするか、又はどなたかのお知恵を頂戴《ちょうだい》すればよかったと、今更ながら後悔しております。

これまで何度か引用してきた正治の手記「述懐」は、こう始まる。最晩年の二〇〇八（平成二〇）年に書き残した。

正治が「生涯を背負って述懐」しなければならなかったこと。それは、父兼治の旧友、末永敏事との遭遇だった。

哀れな身なり、顔に傷

一九四三（昭和一八）年春、新宿通りに面した井村歯科医院の玄関先に、ひとりの男が立っていた。

東京の市街地拡大は既に新宿にも及び、大正初期には路面電車が敷かれた。医院の前には「新宿二丁目」の停留所があった。遊郭が栄える歓楽街でもあった。

医院の二代目井村正治は当時二七歳。

応対のため玄関に出た正治は、この五十がらみの男の奇異な姿に驚いた。

汚れた背広がぼろぼろに破れているのが異様で、ほおにはけがをしたような痕があった。貧しい時代だったが、当時であっても尋常な人相ではなかった。

間もなく正治の父兼治が玄関に出てきた。

異様な男の顔が、安心したように緩んだ。兼治と男は互いの手を握り合った。二人はそのまま何も語らない。

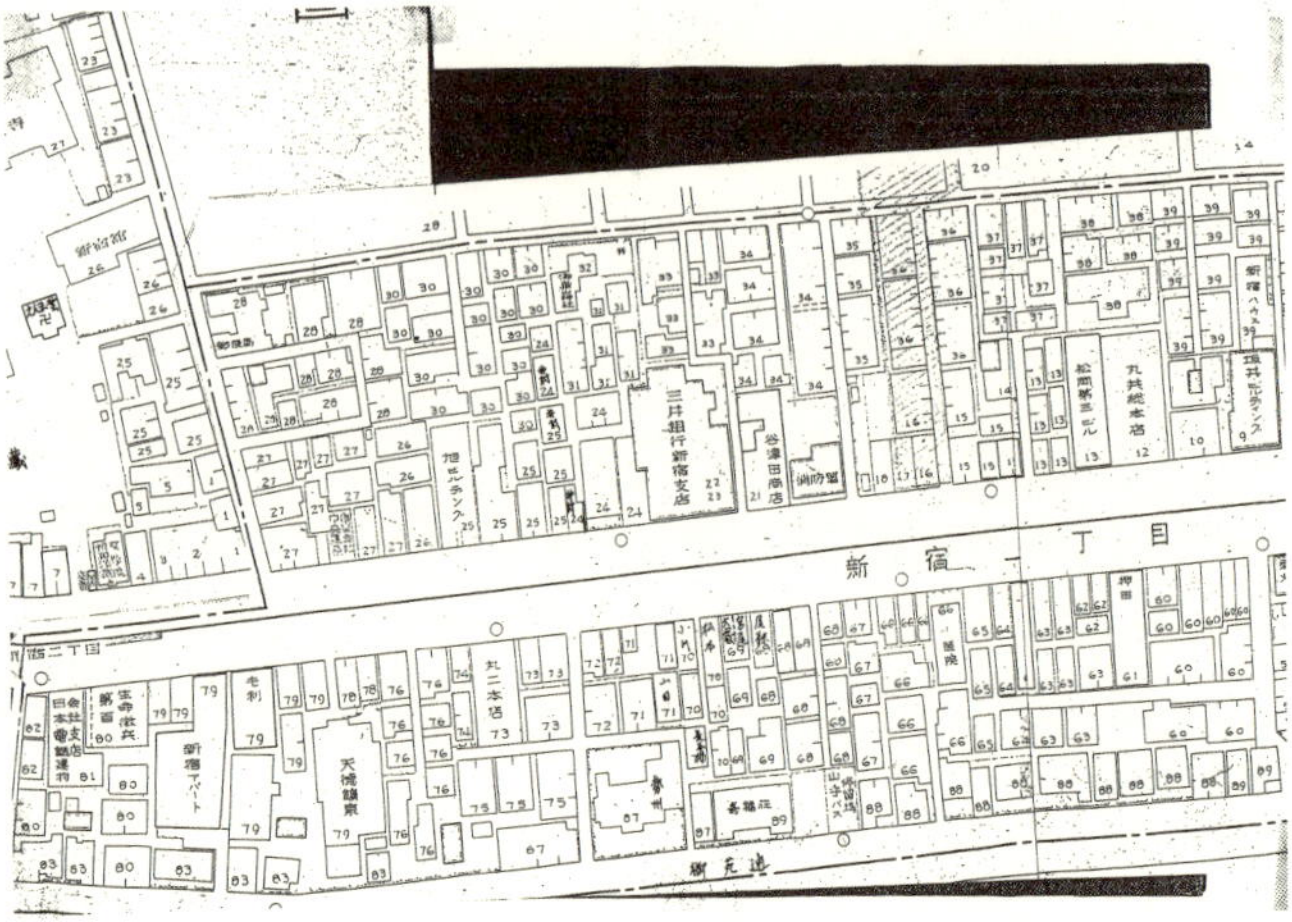

井村歯科医院があった新宿通り付近の地図＝井村修治さん提供

日ごろと違う父の高ぶりを見た正治は、この哀れな身なりの男がただの客ではないと察した。

「外を見ておけ」

兼治が息子に言った。

正治が通りをうかがうと、電柱の陰で、鳥打ち帽をかぶった二人の男がこちらを見ていた。

特高だ——。

正治はそう直感した。特別高等警察（特高）と憲兵は、あまねく国民に恐れられていた。訪ねてきた客の様子はまともでないし、父の「外を見ろ」などという言動もおかしい。この客は尾行されているに違いないと思い至った。

兼治を訪ねてきたその客は、末永敏事だった。

正治が父から「末永敏事」という同郷の友の存在とその境遇を、この出来事より前に聞かされていたのか、あるいは後に知らされたのかは定かでない。

敏事は、先端の結核研究者として米国から戻り、ほんの短い絶頂の時期を経て、故郷も妻子も失った。反軍言動によって一九三九（昭和一四）年、有罪が確定し、収監されたが、出所した後の消息を伝える記録はない。

唯一あるのが井村兼治の長男、正治が最晩年に書いた手記「述懐」である。正治は戦後、敏事に関する記憶を家族に語り聞かせていたが、九〇歳を超え、あらためてそれを手記にまとめたのだった。

この手記や家族の話を基に、北有馬村の旧友同士が数十年ぶりに遭遇した昭和一八年の場面を再現すると、戦時下で思想犯となった敏事の哀れな姿が浮かび上がる。

「官憲を恐れる父ではない」

父が幼なじみとの再会に感情を高ぶらせているのを、息子の正治は感じた。

正治は、表で見張る特高らしい男たちの姿に衝撃を受けたが、一方で、父の客をいくらかでももてなさなければならない——という気持ちもわいていた。

しかし兼治は、客を中に通そうとはしなかった。

敏事も上がろうとはしない。二人はただ手を握り合い、押し黙っていた。

正治は、土間に椅子を出し、敏事にすすめた。対面には父の椅子を置いた。

ようやく兼治が話し始めた。息子も歯科医になり、医院の跡取りができたこと、その息子は

官憲を恐れて手ぶらで帰す父ではなかったから今でもそう思っています。
最悪の場合、私が巻き込まれるのを恐れて、父が私を退席させたのが
見て取れたから、なお更そう思っています。

末永先生は留学先のシカゴ大で結核療養のスペシャリストとしての研鑽

「官憲を恐れて手ぶらで帰す父ではなかったから…」。井村正治の手記「述懐」の記述の一部＝井村修治さん提供

従軍から帰還したばかりであること――。当たり障りのない話だった。

やがて兼治は、息子に奥へ下がるよう促した。正治は茶を出し、土間を去った。父が紙幣を重ね、紙に包んでいる気配が伝わってきた。一〇円札だったか、あるいは五円札か。


　これすらも官憲が知れば、私方が援助したと言うことで罪になるのです。

　官憲を恐れて手ぶらで帰す父ではなかったから今でもそう思っています。

　最悪の場合、私が巻き込まれるのを恐れて、父が私を退席させたのが見て取れたから、なお更《さら》そう思っています。


井村正治の手記「述懐」（二〇〇八年）の記述から、この場の緊迫が伝わる。

末永先生はご自分の信念として休戦を説き、やむなく、故郷と絶縁を宣し、アメリカより同道した妻、子供を離別して、災いの類に

及ぶを切り、身一つとなって、戦争反対を称《とな》え、日本政府および軍部に説いて回った。為《ため》に、政府は末永先生を狂人という扱いとして、食・住の自由をそこない、さらに医師の資格を奪った。

米国から妻子を同道したとある点などに疑問が残るが、正治は敏事の境遇をこう言い切っている。おそらく敏事が兼治に語ったことを伝え聞いた記憶だろう。

しかし、一九三八、三九年の旧内務省資料「特高月報」に記載された反軍言動による逮捕、収監以降、敏事の摘発を示す当局資料は見当たらない。

戦争反対を政府と軍部に説いて回った——とは具体的にどんな行動を指すのか。そのために敏事は医師資格を失ったのか。いずれも解明したい謎だが、反戦の医学者の身に起きた事実を探る手掛かりは、今のところみつからない。

歯科医と〝国賊〟の友情

井村歯科医院が面したあたりの新宿通りは当時、平屋か二階建ての住宅や店が雑然と並び、石造りの銀行や大きな商店も点在した。住民は「半蔵門通り」とも呼び、一帯はにぎやかな商店街が続いていた。

特高の尾行を連れ、哀れな身なりで現れた敏事は、故郷北有馬村の友、井村兼治と再会を果たした。

兼治の長男正治は、一九四三（昭和一八）年春のこの場面を手記「述懐」に書き残した。

正治の次男で、新宿区北新宿で歯科医院を開く修治さん（六七歳）は「祖父兼治は居室に昭和天皇の御影を掲げていた。熱烈な愛国者であり、戦前戦後を通じ天皇を尊崇していた」と話す。

一方の敏事は、無教会主義キリスト者として生きた。

結核研究を志して米国で活躍し、気鋭として迎えられたのも束の間、戦時に反軍を唱えて思想犯にされた。日本の戦争を「侵略」と公言した陸海軍刑法違反だけでなく、一時は天皇を批判した不敬の疑いもかけられた。牢に入れられてもその生き方を変えず、弾圧を受け続けた。

そんな〝国賊〟を、天皇を崇拝する愛国者だった兼治は感激をもって迎えた。家の前で特高が監視しているのを承知しながら、友の手を握り、いたわった。

父に指示され奥に下がった正治は、その後の二人の会話を聞いていない。だが「述懐」に書きつづられた文章には、危険をかえりみず旧友を歓迎した父兼治を誇らしく思う心情がにじみ出ている。

社会に認められた歯科医院長と、転落し流浪する国賊――。幼いころ共に漢籍を学んだ二人はもはや、はるか異なる境遇にあった。

それでも二人きりになったら、古里島原半島の思い出話でも出たのだろうか。あるいは永久の別れを述べ合ったか——。

「述懐」によれば、敏事は最後まで畳に上がらず、茶にも口をつけず、医院を去ったという。一八八七（明治二〇）年四月生まれだから、敏事が五六歳になるころの出来事である。

井村歯科医院は正治の長男正義さん（七一歳）が継ぎ、やや場所を移して、現在も新宿通りに面してある。

敬意込めた手記「述懐」

新宿・井村歯科医院の二代目、井村正治が手記「述懐」を書き上げたのは、九三歳のころだった。それは反戦の結核医学者末永敏事の生涯を書きとめ、その敏事と父井村兼治の友情を記録した物語だった。

正治の次男、修治さんによると、正治は新宿御苑前の行きつけの喫茶店に日参し、短冊のような小さな紙に細かな字で記憶を書きつけたという。修治さんはその紙を受け取り、ワープロで清書する役目だった。

正治は、科学と論理を重んじる人間だった。修治さんが古い言葉遣いを直したり、不足している状況説明を補ったりするのを、正治は「脚色」と見て嫌がった。しかし、修治さんは手記を読む人に伝わらなければ意味がないと父の文章を修正した。

父と息子はそんな応酬を一カ月ほども続けて、手記を完成させた。二〇〇八年のことだ。

井村兼治（前列右）と正治（その左）の父子＝井村修治さん提供

敏事と兼治が故郷北有馬村今福で共に漢籍を学んだ友であったこと、敏事が米国へ渡り、結核医学界の気鋭となったが、帰国後は外国との和平を唱え、妻子を離別してまで反戦を唱えて回ったこと、そのために当局に弾圧され、将来を断たれたこと――などを順につづった。

修治さんは「敏事と兼治には長い間、それなりの通信があったと思う」と話す。「文通があったから敏事は祖父の歯科医院の場所を訪ねて来ることができた。また、祖父兼治は、敏事の境遇を知っていたからこそ、特高の尾行を警戒したのだろう」

だが、いくら兼治の親友とはいえ、息子の正治はたった一度遭遇しただけの末永敏事に、なぜそれほどこだわったのか。

修治さんは、医学で築いた地位を捨ててまで反戦を貫いた敏事、そんな敏事を危険をかえりみず受け入れた兼治という二人に対する敬意だと察する。

「私が幼いころは、まだ家にテレビがなく、茶の間の中心は、父正治による子どもたちへの語りだった。食卓で父が語る定番が『敏事先生』の回想。敏事に遭遇したときの衝撃と、彼の学問的業績や勇気ある反戦行動に対する驚嘆が伝わってくる話だった。後年、私の息子が生まれたときの出来事ですが、父は『敏事と名付けてはどうか』とまで言い出したんですから」と振り返る。

「事《こと》に敏《びん》なり。今考えてみると、いい名前ですよ」

あの頃そう感じていたら、息子に名付けていたかもしれない、と修治さんは言った。

新聞社へ

敏事の生涯と、父兼治との友情を記録した手記「述懐」を書き上げた東京・新宿の歯科医井村正治は二〇〇八年、これを敏事と兼治の故郷長崎県の長崎新聞社に郵送した。

しかし、長崎新聞社からの返信はなかったという。

長崎新聞社の中でこのような郵便物が届いた場合に回されていく可能性のあるいくつかの部署に確認したが、正治の手紙を記憶している社員はいなかった。

届いた郵便物が開かれなかったとは考えにくい。受け取った社員が単なる個人の回想録と思い、読んだだけで終わったのか。あるいは、読んだ社員が対応しないまま時間が過ぎ、忘れて

94歳の井村正治＝井村修治さん提供

戦前、井村歯科医院のあった場所に立つ井村修治さん＝長崎新聞社撮影

しまったのか。でなければ、もっと別の可能性があるのか。わずか何年か前の出来事なのだが、事実関係を特定できない。

どれだけ待っても長崎新聞社から返信はないと知った正治は二〇〇九年四月、敏事と兼治が生まれ育った地である南島原市内の寺に手記を送った。

その郵便に添えた手紙にはこう書いた。

どうしても長崎の、特に有馬地区の方々に、郷里の英才、多分埋もれた英傑の存在を知って頂きたく書き綴った次第の拙文で、人様にお見せするのは不遜とも思えますがお送りいたす次第です。自分の余命を考えると少々あせりもあり、末永先生を世に知らしめなければとの義務感が募りに募って、事ここに至って、最良の手段と思える地元長崎新聞にお送りしたのが上記の拙文であります。

正治は九三歳にしてなお、歴史に埋もれた敏事の存在を語り広めたいという強い意思を持っていた。

その生き証人から直接聞き取る機会を、長崎新聞社はみすみす逃した。

正治の次男、修治さんは「私は当時、唐突に手記を新聞社に送ってどうなるのかな――という気がしていた。でも彼の性分から言って『書き残すのが自分の責任』という意識であって、送ることに意味があった。それを実行して多分、父は満足していたと思う」と話す。「父は自分や母の回顧は後回しにしてまで、末永敏事を書いた。この後ようやく、自分のことを記す作業に移ったのです」

正治の戦後には、その記憶が常につきまとっていたのだろう。そして九三歳にして、積年の思いを込め、手記を残したのだろう。井村正治は二〇一二年、九七歳で死去した。

敏事と井村兼治が再会したのは一九四三（昭和一八）年。敏事が生きて行動していたことを示す記録は、この手記「述懐」の記述が最後である。図らずもそれは、戦時の国民が突然遭遇した思想弾圧の一場面を今に伝えている。

出版エクラブ

井村歯科医院に現れた敏事は、特高刑事の尾行を連れていた。収監された後、社会に戻っても彼は、少なくとも当局の監視下にあったと推測される。

出版工クラブのピクニックでの記念写真＝杉浦正男さん提供

同じころ、特別高等警察の摘発を受けた人が、千葉県船橋市に暮らしている。

杉浦正男さん（一〇二歳）は一九四二（昭和一七）年一一月、神奈川県の警察に検挙された。

「その日、署内の道場に引っ張っていかれ五、六人の警察官に囲まれた。竹刀でたたかれ、木刀でたたかれ、思い切り蹴飛ばされ、正座させられた膝に次々に乗られた。髪をつかんで引きずられ、また全身たたかれた。二時間ぐらいだったと思う。半殺しです。『前線の兵隊さんを見ろ。お国を守るために頑張っているときに。きさまら共産党なんかぶっ殺していいんだ』とどなられた」

杉浦さんは、共産党員ではなかった。

一九一四（大正三）年、東京・深川の生まれで文選工になった杉浦さんは、印刷工場を転々とする渡りの職人だった。一九三五（昭和一〇）年ごろ、低賃金や首切りが横行していた業界で、労働争議に関わるようになった。

杉浦さんたちのグループのリーダーは労働組合結成の道を選ばず、労働者たちが趣味で親睦する「倶楽部」を結成。加入者を募るうち、中小印刷所の労働者たちが横断的に参加する一五〇〇人の団体に成長した。初期から加わっていた杉浦さんは幹部の一人として活動した。

一九四〇(昭和一五)年になると日本の戦時統制は高じ、政党は大政翼賛会、労働組合は大日本産業報国会にそれぞれ集約される。東京の印刷工場の労働者たちが参加した「出版工クラブ」も、当局から命じられるままに同年八月、解散に追い込まれた。

だが出版工クラブは解散式の後も、内部にあった旅行、俳句、読書といった専門部をそれぞれ存続させ、組織を実質的に維持。さらに一年半、活動を継続させた。

労組ではない、しかし労働者の団体ではある――。そんな出版工クラブをも当局は許しておかなかった。一九四二年、神奈川県特高が治安維持法を使い、摘発に取り掛かる。

弾圧を語れる人はわずか

一九四二(昭和一七)年二月、東京の印刷工場の労働者たちが加入していた「出版工クラブ」の幹部たちが神奈川県特高に検挙された。

同年一一月の第二次検挙で、杉浦さんも逮捕され、その日のうちに署内で「半殺し」の暴行を受けた。

杉浦正男さん＝長崎新聞社撮影

「出版工クラブの指導者だった柴田隆一郎と共産党の関係を言えという。正直、私は知らないので、話しようがなかった。捕まって三日目、再び同じような拷問を受けた。もう動けませんでした。ただ、私がやられたのはこの二回だけ。これ以上たたいても無駄だと思われたのか。他の人がやられた。私は警察につながれたまま放置された」

指導者柴田を含む約三〇人が捕まり、過酷な取り調べを受けたという。戦時下にもかかわらず一時は一五〇〇〇人が加入し、全国の労働組合が無力化された一九四〇年以降も活動を続けた希有の労働者団体、出版工クラブはたたきつぶされた。

杉浦さんが入れられた留置場は、一〇畳ほどの広さに刑法犯容疑者と雑居で十数人が詰め込まれた。

シラミだらけの室内は不衛生で、食事は粗末だった。窮屈な夜中は便所にたどり着けず閉口した。約一年を経て治安維持法違反で起訴され、刑務所の未決房に一年。警察と違い清潔で、読書も許された。一九四四（昭和一九）年、懲役三年の判決を受け、収監された。

刑務所では次第に食事の量が減り、暮れの寒さに薄着のまま震えた。召集のためか看守が減り、成績の良い受刑者が所内の見回りに代行配置された。担架に横になった柴田隆一郎が独房から運び出されるのを見た。年明け、仲間から「柴田さんが死んだよ」と耳打ちされ、号泣した。

一九四五（昭和二〇）年四月、妻の死を知らされた。新婚だった妻富子さんは、三月の東京大空襲で死んだという。二六歳で命を奪われた妻を思い、独房で悲しみに沈んだ。

一九二五年の治安維持法施行から四五年に廃止されるまでに数万以上の国民が摘発されたが、直接の当事者は若くても一九二〇年代の生まれだ。

同法による弾圧被害を調査する治安維持法犠牲者国家賠償要求同盟が把握している生存者は、杉浦さんや、「読書会にまで警察の目」の項（七七頁）で紹介した水谷安子さんを含め十数人。全員九〇～一〇〇歳代と超高齢だ。この思想弾圧を体験として語ることができる人は、もうごくわずかしか生きていない。

思想捜査

出版工クラブ事件の摘発は一九四二（昭和一七）年、判決は四四年。神奈川県特高は、日本に唯一残っていたこの労働者団体に、共産主義組織のかけらを検出しようと熱中した。共産党

出版工クラブ記念碑（東京・葛飾区の常願寺）

壊滅から一〇年を経て特高は、まだ〝残党狩り〟をしていた。

「共産党と、その他の大衆運動に対する特高の取り調べは明らかに違っていたと思う。とにかく共産党が絡むと拷問。男は半殺し、女は裸にされ破廉恥なことをされた。共産党と関係のない人間も結びつきをでっち上げられ、ひどい目に遭わされた」

出版工クラブの一員として、治安維持法違反に問われた杉浦さんは、自身も警察署内で激しい暴行を受けた。警察や刑務所で身をもって体験し、見聞きしたことの記憶は一〇〇歳を越えてなお生々しく、その怒りは今も激しい。

治安維持法は一九四一（昭和一六）年の全面改正で、取り締まりの可能範囲が拡大された。荻野富士夫・小樽商科大特任教授は「既に拡大解釈で無理な運用をしていた捜査の実態に、法律を合わせせた。加えて、刑期が満了になり釈放されるべき人などを引き続き拘束できる『予防拘禁』の導入は、大弾圧で収監されていた共産主義者の出所時期を意識したものだった」と話す。

対米開戦したこの年は、国防保安法や言論出版集会結社等臨時取締法なども次々につくられ、治安維持法を補完する形となった。しかし国内の疲弊が進み、本土空襲も始まる一九四四年ごろになると、国民に厭戦《えんせん》意識が広がっていく。

荻野氏によれば、特高や憲兵隊は国民の不平不満を感じ取っており、この間隙にスパイ行為や共産主義復活が生じうるという理屈で、ますます引き締めに躍起になった。

荻野氏は「特高は警察内で、一般犯罪を捜査する刑事部門より、思想捜査は上位にあるという主流意識があった」と指摘する。特高、思想検事、憲兵隊といった思想捜査の主体は互いに役割をすみ分けながら、ときに牽《けん》制し合ったが、それぞれが「自分たちが国体を支えている」と強烈に自任し、それが業務遂行の組織動機になっていたという。

一九四五年の敗戦を前に、戦局の急速な悪化という絶望的な現実をよそに、体制に反する恐れのある動きを細大漏らさず排除する作業に精励したのが、日本の治安当局だった。

杉浦さんが釈放されたのは一九四五年一〇月。思想犯が集められ、刑務所長が「戦争に負けて、皆さんの罪も解決しました。協力して豊かな日本をつくっていきましょう。どうか悪く思わないでください」とあいさつした。激怒する者、あきれる者とさまざまだった。

「東京に戻って秋葉原に立つと、すぐ目の前に国会議事堂が見えて驚きました」。焼け野原に変わった街に、視界をさえぎる建物はなかったのだ。

荻野富士夫・小樽商科大特任教授＝長崎新聞社撮影

現代にも国民防諜の〝芽〟

荻野氏は『特高警察関係資料集成』『治安維持法関係資料集』などの編者であり、「弾圧する側」の歴史を探り、その実態を明らかにしてきた。

もともとは弾圧された民衆について学んでいたが、それらが権力機構の側からはどう見えていたのかに着目するようになった。特別高等警察に始まり、思想検事、治安維持法、植民地や旧満州での弾圧、憲兵隊――と研究の範囲を広げてきた。

治安維持法下二〇年間の日本国内（本土）の検挙は六万八千人で、うち二割が送検されたが、これと別に朝鮮では二万五千人が検挙され、うち送検は七千人。検事送局の比率は二八％で本土の一・五倍近い。これは「朝鮮人の独立運動に対する摘発の厳しさを示している」という。

さらに荻野氏が重視するのは旧満州での弾圧だ。満州国では一九四一（昭和一六）年、日本に倣った治安維持法が施行された。「狙いは反満抗日運動の制圧。関東憲兵隊が摘発の中心になり、裁判は一審制で、検察官、裁判官も日本人。敗戦までの間に約二万人が処罰され、うち二千人が死刑になったと推測している。日本国内とは次元の違う苛烈さ。中国人に対する意識が表れている」と話す。

日本で治安維持法が制定されたのは一九二五年。国会には反対意見もあった。そこで政府は、摘発の対象は「国体の変革を試みる結社に限定される」と言明した。つまり一般市民に影響は及ばないと説明し、法案を成立させた。

「だが実際は違った」と荻野氏は言う。「法律に『国体』という観念を入れたことが当局による拡大解釈を可能にし、やがて国民の誰でも対象にできるようになった」

荻野氏は「思想弾圧は単に過去の問題ではなく、現在に通じるテーマ」だという。

国民の不安の声を押し切って二〇一三年成立した特定秘密保護法は、荻野氏に「現代の軍機保護法」と映る。明治期に制定された軍機保護法は凍結状態となり、国民生活に影響を与えることはなかった。だが一九三七（昭和一二）年に全面改正され、様相は一変する。

「機密」を探し、集め、漏らすことを禁じた同法は、機密の範囲拡大によって出版、旅行、撮影といった庶民の生活をも圧迫し、国民統制を強力に補完した。荻野氏は「特定秘密保護法も『国民防諜』という同じ考え方。地域や企業に管理が広がり、個人の身元にも管理が広がりかねない懸念を既に感じる」と話す。

国民に〝危機〟を認識させ、法を強化し、従わせる――。そんな線上に現代も乗っていく恐れはないか。その芽は既にあるのではないか。荻野氏の指摘は、そう問題提起している。

「長崎地区諜報謀略演習」

荻野氏が収集した歴史資料の中に、一九四三（昭和一八）年一一月に長崎県内で実施された防諜訓練の記録がある。防諜とはスパイ防止対策を指す。

記録は「昭和十八年度外事関係令達書類綴　長崎県梅香崎警察署」と表題の付いた資料の一部。荻野氏が以前、防衛省防衛研究所で資料を調べていた際にみつけ、複写した。

訓練名は「長崎地区諜報謀略演習」。長崎県知事山内義文が県警察部長を兼ねた立場で、内務大臣安藤紀三郎ら宛てに内容を報告した文書で、演習の計画と実施状況をB5サイズで四〇ページほどにまとめてある。

文書によれば、演習は、戦時下で敵国の秘密戦活動が熾烈化するのに対処し、県民の防諜意識を高揚する目的。県内一円を想定し、実際には長崎市内の軍管理施設や官公庁、銀行、企業、その他の特殊施設を対象に一九四三年一一月一九日夕から二〇日正午まで実施された。

要塞司令部員、警察官、憲兵分隊員が攻撃する側に扮し、それに対し警察、憲兵分隊、警防団、町内会、企業、一般市民らが防衛するという演習計画。謀略の手口は「諜報ノ外　放火、破壊、細菌、思想謀略ノ四種」。思想謀略とは、街中で宣伝文をまくことなどを指しているようだ。

防衛する側の参加機関には県、長崎市、長崎駅、浦上刑務所、長崎放送局、三菱造船所、三菱製鋼所、市営桟橋、三菱電機製作所、三菱兵器製作所、水源地（本河内）、中央市場、長崎

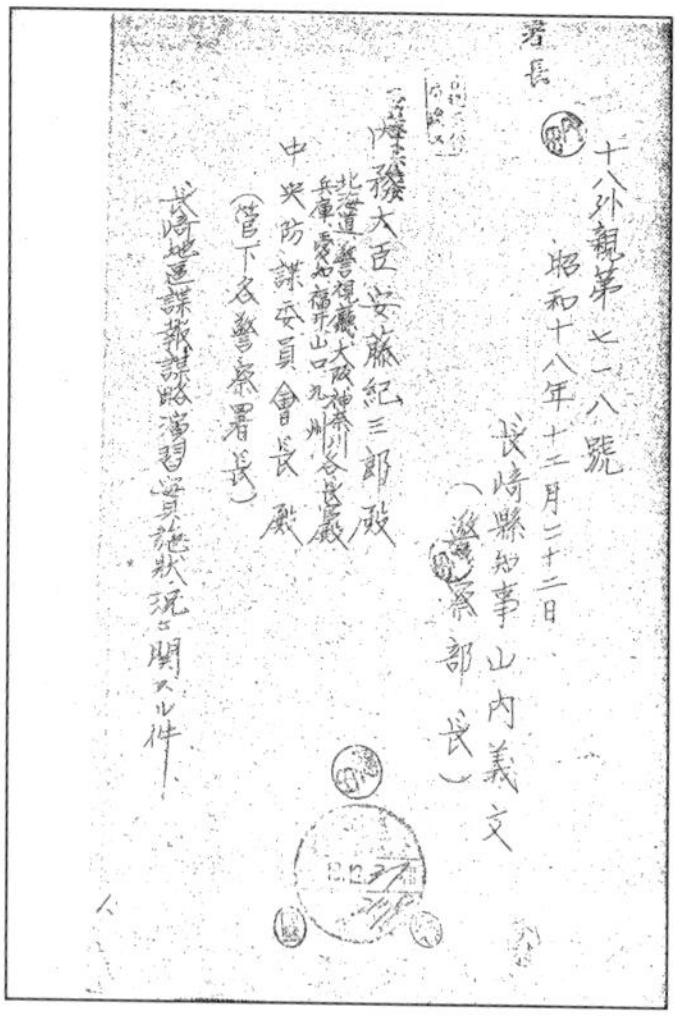

十八外親第七一八號
昭和十八年十二月二十二日
長崎縣知事山内義文
（警察部長）
内務大臣安藤紀三郎殿
中央防諜委員會長殿
（管下各警察署長）
長崎地區諜報謀略演習實施状況ニ関スル件

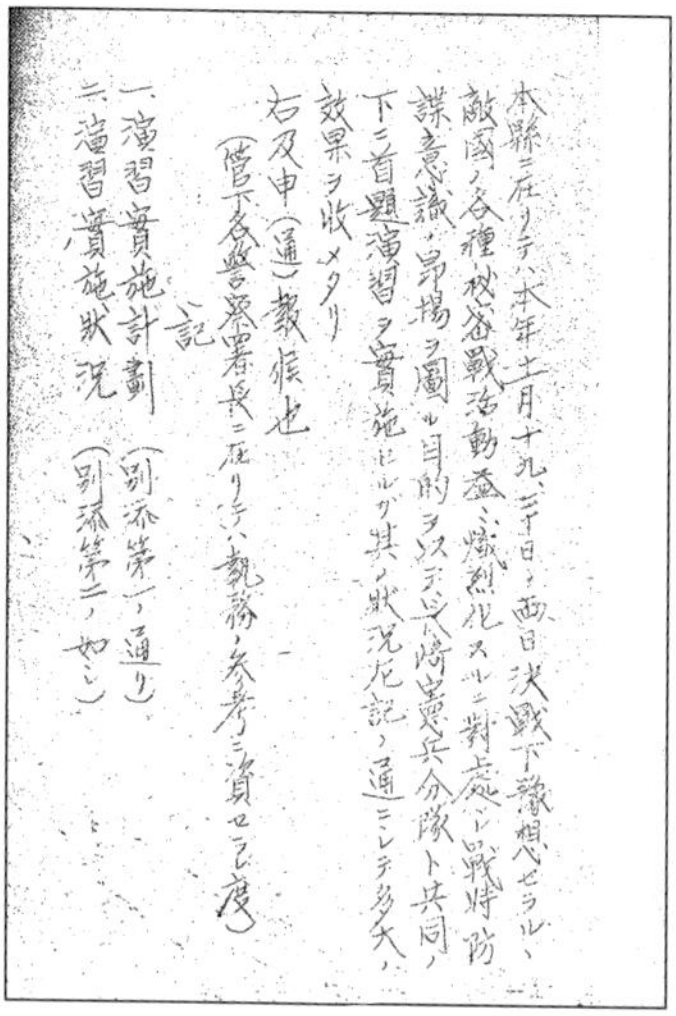

本縣ニ在リテハ本年十一月十九、二十日ノ両日決戦下愈々相ハセラルル敵國ノ各種秘密戦活動益々熾烈化スルニ對處シ戦時防諜意識ノ昂揚ヲ圖ル目的ヲ以テ長崎憲兵分隊ト共同ノ下ニ首題演習ヲ實施セルガ其ノ状況左記ノ通ニシテ多大ノ效果ヲ收メタリ
右及申（通）報候也
（管下各警察署長ニ在リテハ執務ノ参考ニ資セラレ度）
記
一、演習實施計劃（別添第一ノ通リ）
二、演習實施状況（別添第二ノ如シ）

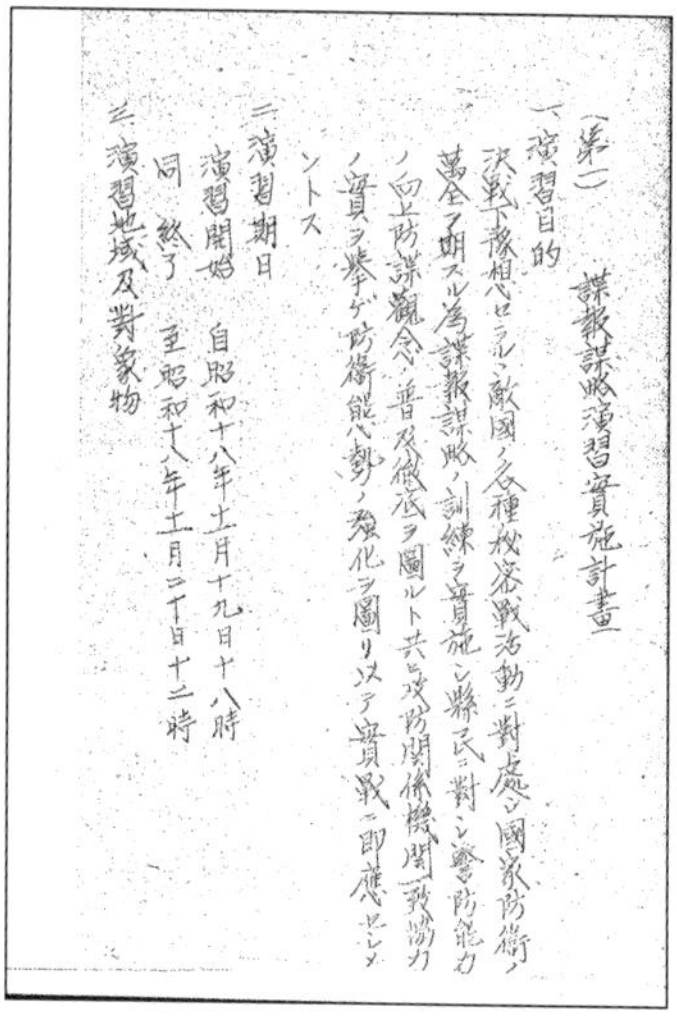

（第一）諜報謀略演習實施計畫
一、演習目的
決戦下愈々相ハセラルル敵國ノ各種秘密戦活動ニ對處シ國家防衛ノ萬全ヲ期スル為諜報謀略ノ訓練ヲ實施シ縣民ニ對シ警防能力ノ向上防諜観念ノ普及徹底ヲ圖ルト共ニ及防関係機関ノ一致協力ノ實ヲ擧ゲ防衛能力ノ強化ヲ圖リ以テ實戦ニ即應セシメントス
二、演習期日
演習開始　自昭和十八年十一月十九日十八時
同　終了　至昭和十八年十一月二十日十二時
三、演習地域及對象物

「長崎地区諜報謀略演習実施状況に関する件」（複写）の冒頭３ページ＝荻野富士夫・小樽商科大特任教授提供

西部瓦斯会社、長崎合同運送会社、長崎電信局、長崎郵便局、長崎電話局、長崎日報社、長崎自動車局、岡政百貨店、浜屋百貨店、宝塚劇場、正金銀行、十八銀行などが名を連ねる。文字通り主だった機関の総動員である。

演習の実施状況によると、謀略側は前述四種の攻撃を市内各所で実施した。これに対し官民で防衛に努めた結果、謀略員一四七人のうち成功一八、攻撃後逮捕三八、未然逮捕九一で逮捕率八八%という集計になった。演習後の研究会では、参加機関ごとの攻撃への対応や逮捕の成否などが報告され、成績優秀だった機関は表彰されている。

内容はともかく、一般人の意識高揚を目的とする趣旨や参加機関の顔ぶれを見ると、それらは現代の防災訓練とよく似ている。官民訓練の原形は戦前、既に出来上がっていて、枠組みが戦後も引き継がれていると見ることができる。

言うまでもなく決定的な違いは、現代の防災訓練は自然災害や火災、事故などを想定するが、この一九四三年演習は、敵国のスパイ攻撃に備え、官民が集結し訓練していたことだ。

荻野氏は「各地で同様の訓練は実施されていたはずだが、こうした具体的な記録は珍しい」という。

そして「一九三七年の軍機保護法改正以来、各地で防諜委員会などが組織され、講演会や百貨店での『防諜展』が開かれるようになった。四二年七月の『防諜週間』で、憲兵司令官中村明人はラジオ放送で『一億国民あげて防諜戦士となれ』と呼び掛けた。この演習も国民防諜を徹底する一環と思える」と話す。こうして国家は国民の危機感や敵国への敵愾《がい》心を高め、国民の側は緊迫感をあおられていった。

共謀罪――「現代の治安維持法」

特定秘密保護法が「現代の軍機保護法」なら、現代の治安維持法は――。この問いに対し、荻野氏が視線を向けるのは「共謀罪」である。

犯罪を実行していなくても、それを行おうと複数の人間が合意した時点で成り立つのが共謀罪。政府は過去、何度もその法制化を試みながら断念してきた。

刑法は、犯罪の「既遂」をもって処罰することを原則とする。重大な犯罪では「未遂」や、その準備である「予備」も訴追対象となるが、それは例外だ。さらにその前段階である「共謀」という計画行為を違法とするのは、原則を遠く逸脱することになる。

国家権力が国民の内心に分け入ることになりかねないという懸念から、日弁連などは「刑法体系を根底から覆す」と反対する。

政府は二〇一七年の国会に、この共謀罪の流れをくむ「テロ等準備罪」を新しく盛り込んだ組織犯罪処罰法改正案を提出。安倍晋三首相をはじめ政権側は「東京五輪・パラリンピックを控え、テロ対策は喫緊の課題」とその必要性を強調した。

改正では、対象を暴力団やテロ組織などを想定した組織的犯罪集団に絞ったうえで、複数の人間が犯罪の実行を合意し、その準備行為を行ったとき初めて、新設の罪が成立するのだという。従来の共謀罪より要件が厳しい。

だが荻野氏は、誰が危険か、何が合意かを判断するのが治安当局である以上、「取り締まる側の判断で適用されるという問題を内包している」と言う。「実行の合意」という内心を問う罪を新設することは、暴力団やテロ対策とは別の次元で、自由な社会にとって根本的な問題を伴う。

治安当局が犯罪の未然防止を追求すれば、人の内心を対象とするのが合理的だという結論に行き着くのは、時代や国を超えて共通している。だが人の内心を探る捜査は簡単ではない。その捜査はエスカレートしていこうとする指向性から逃れられない。

荻野氏は「摘発が大々的に報道されれば、社会への威嚇効果がある。最終的な刑事裁判の結果にかかわらず、国民は萎縮する。社会で〝危機〟が強調されれば、法強化の必要性も言われるようになり、法律もその運用も肥大化していく。まさに治安維持法時代に経験したこと」と語る。

治安維持法は一九二五（大正一四）年、「一般国民には関係ない」と説明され、国会で成立したが早晩、拡大解釈の捜査が横行し、国民全体の思想監視へと広がり、敗戦という破滅までこれを抑制する歯止めを持ち得なかった。

戦前の日本は単に暗黒国家だったのではない。治安維持法は軍部や内務省が強権的につくったのではない。議会が立法し、暴走を許した苦い経験は痛恨の過去であり、今も教訓であるはずだ。

ある拷問死

ここで長崎県関係の弾圧被害者にも触れておきたい。

治安維持法下の被害者を調査する治安維持法犠牲者国家賠償要求同盟（中央本部・東京）は、弾圧によって死亡した人の特定を進め、これまでに五一四人の氏名とおおよその状況を突き止めている。

それによると、長崎県関係の死者は男性二人。このうち一人は県内出身で東京帝大へ進み、共産党に入党したが、一九三三（昭和八）年六月一三日、東京で非合法新聞の「赤旗《せっき》」を配布中に逮捕された。

同同盟が入手した警視庁特高第一課「検挙索引簿」（昭和八〜一二年）によれば、男性は戸塚署に拘束された。「帝大中退」で年齢は「二二」。

二カ月後の「赤旗」（一九三三年八月二一日付）に「戸塚警察署で虐殺さる」の見出しで、この男性の死が報じられた。

戸塚署の留置場で目撃した仲間の証言で構成された形式の記事は「突然、入口の扉があけられて、看守達の罵声と共に一人の男が投げ込まれた。めちゃくちゃになぐられたものか、体が

坂井孟一郎＝長崎新聞社撮影

くたくたになつて、手首や顔から血が滴り……（略）苦しくて身動きも出来ないやうだつた」と初日のようすを述べている。
「それから毎日高等室へ呼び出されて傷跡の絶えることない拷問の連続だ」「みんなで要求してやうやく医者を呼んだがこの医者の野郎も『清算すれば出す』とか『前にもごまかして出たぢやないか』とまるでスパイと同じやうなことを云つてろく〳〵見もしない」といった経過を経て、男性は七月三一日に容体を悪化させ、翌日死亡となっている。
事実であれば、同年二月の小林多喜二事件と同じく、警察署段階での拷問死である。同同盟の長崎県本部は昨年、死者二人を含む本県出身の検挙者一〇七人の名簿と資料をまとめた。力武晴紀事務局長（六五歳）は「人数も内容もまだ完全ではない。調査は途上にある」と話す。
一〇七人の中には戦後、旧香焼村長と町長を通算一〇期務めた坂井孟一郎（一九一〇～九二年）の名前もある。坂井は一九三三年二月一一日に始まった九州の左翼労組・団体に対する一斉検挙で拘束された中の一人で、当時の報道によれば、「香焼村無産者消費組合理事」として治安維持法違反容疑で送検されたが、「起訴留保」となった。

坂井は戦後、「革新首長」として、独自の高福祉行政を長らく続けた。引退後の彼に同盟県本部が聞き取ったビデオテープが残っている。

インタビューは一九九一（平成三）年。その中で「とっつかまったとき、手を出した者がありました」と語っているのは、逮捕時に暴力を受けたという意味か。「何もやってないから（取り調べに対して）言うことがない。二月から留置場に八〇何日か」「（取り調べは）初めのうちだけ」「もともと大して何もやってない。九〇日近く入れとくのは無駄だと思うけど、向こうの都合ですからね」などと淡々と述べている。

五章　静江の軌跡

井村荒喜

末永敏事の場合、信仰の同士との交流はいくらか判明しているが、反戦行動をする中で、他の戦時下抵抗者たちと横の連携が活発だった気配は感じられない。

末永敏事の幼いころからの気質や性格を伝えるエピソードも少ない。敏事がどう育ったのかを、彼の親族の姿から想像しようとした際、残っているのは唯一、敏事の父道伯の言葉ぐらいである。

道伯（一九一二年没）も医者だった。島原半島・北有馬村今福の医家で、地域の信望を集める存在だったらしい。

道伯は自宅で私塾を開き、近所の子どもたちに漢学を教えた。

そこで敏事や、一九四三年に新宿で感激の再会を果たした歯科医井村兼治らが学んだ。

その中に敏事より二歳下で、井村荒喜という男児がいた。兼治と同姓だが、親戚ではないという。

富山県に移った井村荒喜（一八八九～一九七一年）は一九二八（昭和三）年、三九歳で工具製造の「不二越鋼材工業」を創立。瞬く間に有力メーカーへと押し上げた。

『井村荒喜追想録』（同追想録刊行会、一九八三年）によると、荒喜は末永家と目と鼻の先にある農家の子だった。

末永家が広い敷地に屋敷や蔵を持ち、別に薬草園も所有していたのと対照的に、荒喜の家は貧しかった。だが勉学ができ体も強く、塾で道伯の注目するところとなる。

道伯の示唆もあり、荒喜は高等小学校のころから英語も独学した。一九〇二（明治三五）年、一三歳で長崎に出た。これも道伯らの勧めだった。

井村荒喜＝株式会社不二越提供

長崎医学専門学校の予備とされた「行余学舎」に入り、医師を目指したが、間もなく実家からの学費が途絶え、その道は閉ざされた。

荒喜はいったん村に戻ったが、就職のため再び長崎へと向かう。その出立に際し、道伯は荒喜へはなむけの言葉を贈った。

一心をもって万友に交わるべく、二心をもって一

友に交わるべからず

誰にでも誠実に向き合え。邪心に迷い人を裏切るな——。若い荒喜はそう諭され、これを生涯の信条とする。

「一心をもって万友に交わるべく」

荒喜は実業の世界に入り、頭角を現す。一九二八（昭和三）年、富山県で設立した「不二越鋼材工業」を急成長させ、北陸にありながら国内で指折りの工業会社になった。

『井村荒喜追想録』によれば、荒喜は常に「一心をもって万友に交わるべく、二心をもって一友に交わるべからず」という師の教えを胸に、人情あふれる創業経営者として躍動した。

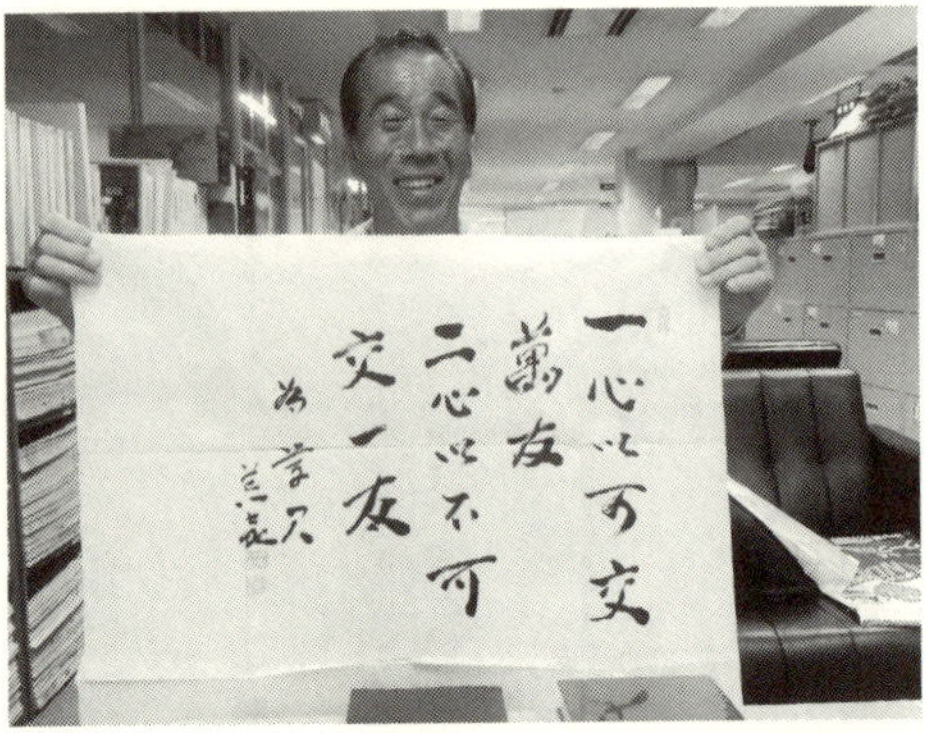

井村荒喜の書。荒喜の兄の孫である長崎市の井村啓造さんが所蔵している＝長崎新聞社撮影

荒喜は福利厚生を重視した。一九四〇（昭和一五）年には、社員の健康維持のため、総合病院も造った。これを追想録は、恩師道伯が医師であり、荒喜がその強い影響を受けていたから——と記している。

戦時下では軍需工場となり、敗戦によって経営危機に陥ったが、その後の再建を指揮したのも荒喜だった。

さて、荒喜の恩師道伯である。

彼は自分の四男であり、子の中で唯一医師の道を継いだ敏事にも「一心をもって……」と伝えたのだろうか。「誠実であれ。邪心を持つな」と諭したのだろうか。

敏事は父道伯の姿を見て、医師になる志を立てた。父の後ろ盾があって東京に遊学し、長崎医専への道もすべて父の財力で歩んだ。

一方で、少年期に東京でキリスト教思想家内村鑑三に師事し、国民病だった結核の克服を目指し、しかし研究者としての地位を捨てて反戦を訴えた。

末永道伯＝親族提供

その意味では、敏事は誠実に、邪心なく生きたともいえる。

それは父から受け継いだ信条であったかもしれない。しかし、成功した井村荒喜とはあまりに対照的に、敏事の結末は破滅だった。

荒喜は北有馬で立志伝中の人である。一九六九（昭和四四）年には、旧北有馬町の名誉町民第一号となった。このとき荒喜を名誉町民に推した町長は、

「いつも背広だった医者」の項（六三頁）で紹介した柴田省三さんである。

不二越は今も東証一部上場の総合機械メーカーで、グループは国内外で切削工具、工作機械、ロボット事業、ベアリング、油圧機器、自動車部品、特殊鋼といった部門を展開。連結売上額は二千億円を超える。不二越は文字通り世界に飛躍した。

長崎県諫早市の会社社長、井村一男さん（八三歳）は「敏事と荒喜は親しい仲間だったと伯父から聞いた」という。

一男さんの伯父井村八十治は、敏事や荒喜と同世代で、北有馬村今福で幼年期を過ごした。一男さんは、幼いころに八十治から聞いた話を覚えていた。八十治は、敏事に強い感化を受けていたという。

旧「末永医院」

井村一男さんは一九四五（昭和二〇）年の敗戦直前、疎開先の北有馬村で、既に敏事が去った後の旧「末永医院」の建物に家族で暮らした。

敏事は実家の土地、建物を手放し、一男さんの伯父井村八十治の所有になっていた。このため、疎開した井村さんは診療所で暮らす巡り合わせになった。

「玄関を入ると、板張りの八畳間。これが待合室です。正面に同じく板張りの業務室があり、待合室と窓口でつながっていた。玄関右には畳敷きの六畳と八畳が続いていて、そこが診察室。

別にもう一部屋、板張りの部屋があった」

敏事が農村伝道に携わったころの職場の様子を今に伝える証言である。

井村八十治は、北有馬村今福で幼年期を過ごし、後に香港、広東で事業に携わった。

一男さんによれば、八十治は、末永敏事、不二越創業者の井村荒喜らについて「みんな同世代で仲間だった」と話していたという。敏事の父道伯が自宅で開いた私塾に集まった近所の子どもたちが共に学び、共に育ったさまがうかがえる。

「八十治は、敏事に強い敬意を持っていた。気管支が弱かった八十治は、敏事から『南方に行けば（気管支が弱くても）暮らすのは大丈夫』と言われ、香港に渡ったと言っていた」

井村一男さん＝長崎新聞社撮影

今福にあった敏事の実家は、広い敷地に母屋、蔵などがあった。これとは別に薬草園も所有していたという。

だが敏事の代になると、米国留学や敷地内での医院の新築などで借金がかさんだ。

実家で末永医院を開業した敏事だが、一九三三（昭和八）年に離婚し、やがて故郷北有馬村を去る。そして、一九三八（昭和一三）年の反戦言動で逮捕され、思想犯として弾圧された。

一方、一九三八年ごろの荒喜は「不二越鋼材工業」を興して一〇年。創業期の苦闘を経て、事業を急拡大させる途上にあった。一九四二（昭和一七）年には衆院議員にも当選する。

荒喜は、いったん医学者として脚光を浴びながら思想犯となった幼なじみの敏事をどう見ていたのだろうか。片や敏事は、成功者となった荒喜をどう見ていたか。

幼いころ「仲間」であったらしい二人の後年の関係をもっと知りたいところだが、それをたどることができる記録は見当たらない。

一男さん一家は旧「末永医院」の建物で暮らし、敗戦を迎えた。「八十治は敏事に感化され、クリスチャンになったという話も聞いたことがあるが、葬儀は仏式だったから、この話は事実ではなかったようだ」。一男さんは敏事にまつわる逸話をいくつも記憶している。

「敷地内の蔵の二階には、薬品や医療器具のようなものが山積みになっていた。敏事がいたころの診療所の道具が突っ込まれていたのだろう」。その診療所も蔵も既にない。一男さんは「家や医療器具が残っていれば、敏事の存在を伝える貴重な証拠になっただろうに」と惜しむ。

反骨の研究者

旧「末永医院」の建物で暮らした井村一男さんと同じく敗戦直前に疎開し、元末永敏事宅の母屋にいた経験がある五島市の大林道子さんも、診療所の様子を覚えている。

「よくある昔の家と違うモダンな造りでした。玄関を入るとフローリングで、家の中にもドアがあって。小学生だった私は、ハイカラな家だなあと思った」という。

大林さんは、敏事の旧宅を買い取った一男さんの伯父井村八十治と親戚だった。それで敏事の旧宅に疎開することになったのだが、その構えは子どもの目にも豪壮だった。

「広い敷地と石垣、立派な門もあった。書庫には医学の専門書から娯楽雑誌まで大量の本があった。私は忍び込んで雑誌をめくるのが楽しみでした」と振り返る。

敏事は一九三三（昭和八）年ごろ、医院を畳んで北有馬村今福から消えた。大林さんが見たのは敏事が去った後、一〇年余り過ぎたであろう頃の医院跡である。

大林道子さん＝長崎新聞社撮影

大林さんは大学卒業後、就職した会社で男女差別があることに疑問を持ち、女性問題研究へと進んだ。「日本のお産」をテーマに選び、「助産婦の戦後」（一九八九年）で山川菊栄賞を受けた。また、助産師資格を男性にも認めようとする制度変更案に、「助産婦制度は男女平等の例外。男性の助産を妊産婦は受け入れられない」と反対し、法改正阻止の運動にも関わった。
そんな大林さんの近著に『山本宣治と母多年《たね》　民衆と家族を愛した反骨の政治家』（ドメス出版、二〇一二年）がある。

「産児調節」の必要を主張した山本宣治（一八八九～一九二九年）は学者から政治家に転じ、労農党から衆院議員に当選して人気を集めたが、治安維持法強化に反対する活動に取り組んでいた昭和の初め、右翼に暗殺された。この顚末《てんまつ》は「拷問暴露の山宣を暗殺」の項（七五頁）で触れた。

「山宣は、産むか産まないかは夫婦の問題。そしてそれを決めるのは女だと言った。あの時代にそんな主張が存在したのに驚いた。こういう男がいたか、と。いっぺんに好きになりました」。反権力の医学者の家で暮らした子どもが成人して、女性問題研究者となり、非抑圧者の側から歴史を掘り起こすうち、反権力の政治家にたどり着いた。不思議な因縁である。

「疎開先では、祖母と暮らした。祖母が末永敏事のことを話していたことも覚えている。すごい人だったが、かわいそうな死に方をした。でも人に言ったらいかんよ、と。声を潜めるように。思想犯だったからでしょう」

子どものころに敏事を知ったことと、その後の大林さんの進路とに特段の関係はないという。

「ただ、なぜだろうか。小さいころから反骨心が強かったと思う。今もそうなんですけどね」。

やはり、それは不思議な因縁と思える。

医学史に刻まれる三宅家

東京大総合研究博物館に「三宅コレクション」と呼ばれる歴史資料群が所蔵されている。

日本の近代医学に足跡を残した三宅家が収集したり、関わったりした物品三三五点、写真五五六点、文書約五〇〇〇点からなる。

江戸後期、島原半島・北有馬の医家に生まれた三宅艮斎《ごんさい》（一八一七〜一八六八年）は長崎で蘭方医となり、江戸に出て、神田・お玉ケ池種痘所の創設に関わった。これが東大医学部の起源となる。

長男の秀《ひいず》（一八四八〜一九三八年）は日本最初の医学博士の一人で、一八八一〜九〇年まで東大医学部長を務めた。

艮斎に始まった三宅家の隆盛はその後も続き、秀の子鉱一（一八七六〜一九五四年）は東京帝大の、その子仁《まさし》（一九〇八〜一九六九年）は戦後、東大医学部の教授となった。病理学者だった仁は、原爆症の研究に取り組んだことでも知られる。

三宅鉱一＝東京大学医学図書館所蔵

三宅家も、敏事の実家である末永家も北有馬の医家だった。幕末に江戸へ転じた艮斎とその子秀の名声は、島原半島にも響いていた。北有馬村今福で一八八七（明治二〇）年に生まれ、早くから医師になる志を立てていた敏事も当然、三宅家の栄達を知っていただろう。

敏事は精神医学者だった鉱一と一一歳違いで、医学者としての活動の時期が重なる。

鉱一は一九二五（大正一四）年、東京帝大教授となった。敏事が結核研究での実績を引っさげて米国から帰国するころである。

一九二六年の敏事の結婚式には、ときの東京帝大医学部長林春雄も出席し、祝辞も述べた。敏事は同じころ、東京帝大第二内科教授の呉建との共著論文を複数発表している。敏事は帝大医学部と浅からぬ交流を持っていた。

敏事と、鉱一あるいは一九三八（昭和一三）年まで生きた秀との間に何らかの接点があっても不思議ではない。だが東京大総合研究博物館によれば、三宅コレクションの中に、敏事との交流の痕跡はない。

三宅家の遠縁に当たり、同じく北有馬村出身の三宅亮一は長崎中から大阪医科大に進み、慶応義塾で研究職に就いた。一九二六年に慶応大教授加藤元一が欧州で、神経生理学の当時の定説を覆す「不減衰伝導説」を発表した際は助手として同行。『慶応義塾百年史　別巻大学編』には、加藤ら一行の実験発表は「劇的な成功をとげ、生理学の革命と賞賛された」とある。

この三宅亮一も、敏事と専門は全く異なるが、活動時期は重なる。敏事の生きた断片を探し、その周辺へと取材を広げると、思わぬ人物たちに行き当たる。

富山に不二越鋼材工業（現在の不二越）を創業し、一代で大メーカーに育て上げた井村荒喜も、北有馬村出身で敏事と同世代である。島原半島南部の寒村にすぎないその地は、優れた人材を次々に輩出した。

熊楠と滋太郎

一九四五（昭和二〇）年八月とされる敏事の死について探っていく前に、もう一人、その生涯を記しておかなければならない人物がいる。

一九三三（昭和八）年に離婚した敏事の妻、静江だ。二人は敏事が弾圧される前に離別した。その後、彼女は思想犯の元妻という境遇になる。

静江は一九〇〇（明治三三）年、山梨県鰍沢出身の実業家、中嶋滋太郎（一八七〇～一九四九年）の長女として生まれた。

滋太郎は東大時代、後に首相となる浜口雄幸と懇意だったとされ、卒業後は日本郵船に入社。専務取締役まで昇進した。明治から昭和にかけ、山梨県出身者が電力や交通といった日本の基幹分野の経営に一大勢力を形成した時期がある。この経済人の一群は「甲州財閥」と呼ばれ、滋太郎もこの人脈に連なる。

中嶋滋太郎（『財界の実力』金桜堂、1911 年から）

若いころにはロンドン駐在員を務め、その赴任中に意外な人物との交友もあった。

和歌山県田辺市にある南方熊楠《みなかたくまぐす》顕彰館には、熊楠に宛てた滋太郎の書簡が六通残されている。西尾浩樹主任研究員によると、書簡はまだ解読に至っていないが、

南方熊楠＝和歌山県田辺市・南方熊楠顕彰館提供

「熊楠自身が書いた日記や書簡にも、中嶋滋太郎は複数回登場している」という。

南方熊楠（一八六七〜一九四一年）は、近代日本の博物学の先駆で「知の巨人」とも呼ばれる。渡英後、大英博物館に勤めて頭角を現し、科学誌『ネイチャー』に多くの論文を発表した。帰国後は田辺で終生暮らし、粘菌などの研究に没頭。その独創的な学問は後世に影響を与えた。

ふたりの交友は、一八九七（明治三〇）年のロンドンで始まる。「南方熊楠日記」同年三月二五日付に「故羽山蕃二郎友中島といふ人にあふ」とある。「蕃二郎」と記されているが、これは故郷にあった若き日の熊楠が、少年愛の対象として心を奪われた羽山兄弟の弟、蕃次郎を指す。兄弟ともに早世するが、この兄弟は熊楠の生涯にわたり枕元の夢に現れ続け、さまざまな啓示を与える。熊楠研究の中で重要な位置を占める人物だ。

熊楠の日記や書簡によれば、滋太郎は東京での学生時代、上京してきた蕃次郎と学友だった。その縁もあり、ロンドンで出会った滋太郎と熊楠は家を行き来し、飲食をする間柄になった。

交流は、二人が帰国したあとも長く続く。特に、和歌山にいた熊楠が東京で「南方植物研究所」設立を目指し奔走した際は、滋太郎も経済界からの寄付を募る活動に力を貸した一人であったようだ。

甲州財閥の一員にして、南方熊楠の支援者として学術にも理解があった――。滋太郎の経歴からは、知性派経済人としての輪郭が浮かび上がる。

静江の生い立ち

結婚したころと思われる敏事・静江夫妻の写真。敏事の親族がしまっていたものを見つけ出して提供してくれた。

末永敏事と中嶋静江。撮影時期は不明だが、結婚したころと思われる＝親族提供

二人が帝国ホテルで結婚式を挙げたのは一九二六（大正一五）年六月二日。司式したキリスト教思想家内村鑑三は、その日記で、静江について「過去八年間の忠実なる聴講者」と書いている。

静江は一九〇〇年生まれなので、一八歳ごろから内村に師事したと推測される。内村の文献には、四つ違いの妹活子《かつ》（戸籍名は「活」）も熱心な門下生として記録されている。

父滋太郎はロンドン勤務も経験した実業家であり、南方熊楠の支援者でもあった知性派だが、本人がクリスチャンだった形跡は見当たらない。長女の静江、次女の活子の姉妹が内村のキリスト教思想に触れ、傾倒したということだろう。

静江は父の赴任地であった神戸で、神戸女学院を卒業したことが自由学園の調査で確認されている。その後、東京に戻り、羽仁もと子・吉一夫妻が創立した「自由学園」に、高等科一回生として一九二一（大正一〇）年入学した。内村門下となってしばらくたったころと考えられる。

自由学園によれば、静江は一九二三年の卒業後も母校に残り、教師として手芸や英語を教えた。

敏事は約一〇年の滞米生活を終え一九二五年ごろ帰国。内村は、誠実な門下生だった二人を結びつけた。一九二六年に結婚式を挙げた敏事と静江だが、入籍したのは二七年一〇月。婚姻届は東京府中野町役場に出された。滋太郎の東京宅は中野にあり、同居したか近隣に暮らしたと思われる。

一九二九（昭和四）年九月、一人娘の範子が生まれた。この年、敏事は故郷北有馬村に戻り、診療所を開業した。このとき静江と範子も村に住んだという証言は、どの親類からも出てこない。静江と範子は東京に残ったのではないかと想像する。

一九三三（昭和八）年二月、夫婦は離婚する。

敏事の旧友、井村兼治は二人の離婚を「敏事が反戦行動に出るに際して、妻子に災いが及ぶのを恐れたため」と推測している。それだけが理由だと断定はできない。ただ、敏事が強硬な反戦主義者だったのは後の行動からも明らかだ。

幼い娘を抱え、中嶋家の籍に戻った静江。困難な境遇に置かれた彼女だが、その後の記録によれば、戦前戦後を力強く生き抜いていく。

離婚後、決意の仏留学

静江は、敏事との結婚前から、学園創立者である羽仁もと子・吉一夫妻が創刊した女性向け月刊誌『婦人之友』に記事を書いていた。

一九二七（昭和二）年の結婚後も、手芸や子ども服の作り方を紹介する記事を書き続けており、同誌で既に有力な執筆者の一人だったと推測できる。

一九三三（昭和八）年二月、離婚した静江は、娘範子と共に中嶋姓に戻った。ここから静江は大胆な行動に出る。単身でフランスに留学したのだ。

自由学園の「学園新聞」（一九三四年一月一日号）には、静江が学園派遣四人目の留学生として渡仏したとのニュースが大きく載っている。

記事で静江は「然《しか》し出来るだけ沢山のものを観《み》て、その中からか、或《あるい》は又どこらからか何か

學園新聞　(第三種郵便物認可)　(第五十一號)　(3)

四人目の留學生をフランスへ送る
—中島静江さん 工藝研究のために—

寫眞は中島さんと範子ちゃん

自由學園第一回の卒業生であり、教師會の一人でもある中島静江さんが今度工藝美術の勉強の爲フランスに行かれました。先に羽仁惠子さん、山室光子さん、今井和子さんを留學生として此の團體からおくり又今度中島さんを四人目の留學生としておくる事は私共の大きい喜びであり感謝でございます。

澤山の方々の厚い友情の渦の中に巻きこまれ、それに押し流されながら、私は今度佛蘭西に工藝の勉強に出かけることになりました。心から有難く思ひます。もう二度とは來ないだらうこの機會を與へ、鈍り勝ちな私の決心をうながして下さつたミセス羽仁に深く感謝いたします。十月のあの美術展覽會報告會の時、『中島さん佛蘭西へ行つたらどうです』とおつしやらなかつたら、私は今頃もやつぱり學園の片隅で、平和ではあるけれど、ともすれば安易な生活に自分の心をあまやかせてゐただらうと思ひます。

しかし外國に行くこと、それは『うれしいでせう』『おめでたう』とみなさんが言つて下さつても、『えゝ』とにこ〳〵して無邪氣に返事が出來ない程に私の心を堅くしてゐます。

★

たゞ一口に工藝の勉強といつても果してどんな方面が自分に最も適してゐるか。又どんな事を學んで來たら最もよいか、今の私の最大問題はそのことです。それについて多くの方々からいろ〳〵の御意見も御注意も伺ひました。しかし最後の處は自分で實際に見、研究し、これこそと思ふものを得て來るより他はないと思ひます。自分には負ひ切れないもののやうな氣がします。

然し出來るだけ澤山のものを觀て、その中からか、或は又どこからか何か探し出したいと希ひます。たとへどんなものを選ぶにせよ、少しでも明日の私達に、明日の社會に役立ち得るものを學びたく思ひます。たゞ私の望むのは、

中嶋静江の仏留学を伝える記事（「学園新聞」1934年1月1日付）＝学校法人自由学園提供

探し出したいと希《ねが》ひます。たとへどんなものを選ぶにせよ、少しでも明日の私達に、明日の社会に役立ち得るものを学びたく思ひます。たゞ私の望むのは、只一つでも真に価値あるものを見出し得る知恵と力を私に与へられたいことです」と、強い決意を表明している。

紙面には、四歳になる範子の写真も載っている。

記事によれば、範子は静江の父母の元に預けての出発である。甲州財閥に連なる経済人だった父滋太郎と、母うたは健在で、一家にそれなりの財力もあっただろう。であっても二年を超える予定の単身留学は、相当の決断と覚悟を要したはずだ。

羽仁夫妻は、学園出身者が職業、社会

活動、学問、家庭生活を一生学び続けるよう導くことを教育理念として構想していた。自由学園図書館・資料室の村上民さんによると、静江は「その最も早い時期の実践者の一人」だという。

一九三三年末に東京を発った静江は、主にパリに滞在した。

一九八九（平成元）年に静江が死去した際、「学園新聞」が掲載した追悼記事では、静江は学園創立者の羽仁もと子の勧めで服飾方面へ進んだと紹介されている。仏留学では、当時の日本ファッション界では珍しかった立体裁断や、ユニークなデザインの習得、研究に努め一九三六年三月帰国した。

静江はこの経験を生かし、服飾の世界でさらに輝きを放つ。

女性の洋装を美しく

雑誌『婦人之友』の一九三六（昭和一一）年五月号のグラビア。「フランス式の方法で　自分でデザインし　自分で仕立てた服」との見出しで、計三ページで構成された紙面には写真が八枚。モデルはすべて中嶋静江である。

二年余の仏留学からこの年三月に帰国した三五歳の静江が、さっそくその成果を『婦人之友』誌上で披露したのだ。

静江の記事によれば、パリ市立女子美術職業学校でデッサンと服装デザインを学び、その後、

フランス式の方法で

自分でデザインし 自分で仕立てた服

中島静江

緑色に金糸を織り込んだしぼの大きい厚手の絹地古代布のやうな重々しいもので型も布の模様と性質を生かしたいと思ひ斜に裁ち合せたりスカートの後に充分の布を使つてどつしりした感じを出さうとしました。靴は同じ布で作りました。

パリーでの自分の僅かな勉強をまとめるために、いはゞ修業製作の心持で、日本に持つて帰る服は出来る限り自分自身で作つてみたいと思ひ立ちました。最初の一年と三ケ月程のパリー市立の女子美術職業學校での、デッサン（素描）及びフキギューリンドラ・モード（服装のデザイン）の勉強を實際に生かさうとして、あと半年程裁斷と、裁縫の講習を受けましたが、その裁斷は、フランス獨特の身體の型に布を直接にあて、裁つ方法で、その急所を捉へることさへ出来れば實に興味深く、一時は寝ても醒めても裁方の工夫ばかりしてゐたことがございました。フランス風の服が、色彩が美しいばかりでなく、何處となく垢抜けのした柔い線と型を見せてゐる一つの原因は、この割出し法を全然用ひない裁方によるのではないかと考へる程でした。机の上で、何處にタックをとつて、何處襞つまんでなど、むづかしい工夫をする代りに立體的のマネカンでは、直ちに布地の持つ厚みや柔さ、それから出るひだの調子のことまでを考慮にいれて、まるで繪を描くつもりで自分の頭を働かせることが出来ました。

和服の華やかな色彩と模様に影響されてか、日本人の服は、まだ／＼調和が足りないと思ひます。殊に色調に於て。欧洲の婦人達は思ひ／＼の地味な服装をしてゐました。フキギユーリンの先生が何時も口癖のやうに云はれたのは、「單純に、レツクに」といふ言葉です。

浮出し模様の白地に可愛らしい花を茶色で染め出した有布を見つけましたので軽い夜の着物を作りました。三米しかない布をいろいろに工夫して上半身は殊に肩から背にかけての部分に氣をつけました。背の布と帯は花と同色の濃い茶の縁をつけました。靴も茶色。

午後からの訪問などに着る紺の絹の服白ピケの大きなジヤボの飾りで特に貧弱な私の胸の欠點をおぎなひました。帽子と靴とサツクは紺手袋は白。

日本から作つて行つた紺の古い服に、紺のシフオンベルベツトのケープスリーブをつけて趣をかへてみました。

一寸した外出に、散歩にこの服は大へん重寶してゐます。黒のスカートに、共布で作つたケープ。帽子も黒、サツクも靴もスウエードの黒です。

絹のブラウスは黒地にほんのりと色づけた寫生風の大まかな模様、午後のお茶などの時に好んで着ました。

黒ジャージーのスウエーター、衿と袖のアンゴラの白、朱と綠の縞と、袖の型の工風とが、ともすれば小柄に見え易い、黒の服の單調を破つてゐます。

「婦人之友」1936年5月号のグラビア＝婦人之友社提供

裁断の講習を受けたとある。

「身体の型に布を直接あて、断つ」立体裁断について、静江は「机の上で」「むづかしい工夫をする」のではなく、「直ちに布地の持つ厚みや重さ、それから出るひだの調子のことまでを考慮にいれて、まるで絵を描くつもりで自分の頭を働かせることが出来ました」と、習熟の進み具合を記している。

また、「フランス風の服が、色彩が美しいばかりでなく、何処となく垢抜けのした柔らかい線と形」を出すのは、この裁断方法によるのではないかとの見方を記している。一方、色調について、欧州の婦人は思いのほか地味な服装をしているが、和服の華やかさの影響か日本人は色の調和が足りないという意見を述べ、フランスの講師が口癖のように繰り返していた言葉として「単純に、シックに」という教えを紹介している。

この後も『婦人之友』に執筆し、「フランス式裁断法」や「中年婦人の洋装を美しくしたい」「子供の服装を可愛らしくするために」「洋装結婚支度の相談をうけて」といったタイトルで、専門家としての知識を伝えていく。

離別した元夫の敏事は一九三八（昭和一三）年一〇月に逮捕されたが、そのころも敏事の暗転をよそに、静江はひたすら働き続けていた。

西洋文化の基本を生徒に

戦争体制が高じるにつれ、その圧迫は国民の暮らしにも及んだ。静江もこの時期、「防空服」や「戦時の働き着」といったテーマの記事を書いているが、執筆回数は減っていったようだ。

日本の女性を美しく、子どもの服装をかわいらしく――。そんな意気込みで欧州仕込みの技術を伝えようとした静江の仕事は、戦争の時代にそぐわなかった。だが、少なくとも一九三〇年代の後半まで静江の主張は婦人雑誌で取り上げられ、読者に受け入れられた。逆に言えば、その時期までは美しい洋装の啓発が日本国内で可能だったことも示している。

自由学園創立時の校舎「明日館」（東京・豊島区）
＝自由学園明日館提供

戦後、静江は旺盛な執筆を再開する。彼女が死去した際に自由学園の「学園新聞」に掲載された追悼記事（一九八九年四月二五日付）によれば、静江は一九五〇～六一年まで『婦人之友』のレギュラー執筆者として活躍した。

そのテーマを一部拾ってみても、姉妹の子ども服、下着・寝間着・ガウン、新入学少女のコート、主婦の夏着、外出着としてのワンピース、子どもの冬着――と、一般家庭での洋裁普及に寄与したいという静江の思いが伝わってくるようだ。

追悼記事によれば、静江は一九七一（昭和四六）年まで自由学園の洋裁教師として勤務した。その後も学園そばの自宅で暮らし、八九（平成元）年二月、八八年の生涯を閉じた。

ちなみに娘の範子も自由学園に定年まで勤め二〇一一年、八一歳で死去したという。

自由学園中等科、高等科で静江に洋裁を習った同学園の小谷野温子《こやのはるこ》常任理事（七八歳）は「戦後間もない物のないころで、女学生が自分の洋服作りを学ぶのは重要な時間だった」と言い、「中嶋先生は洋裁の技術が非常に高く、生徒によってちょっとずつ味付けを変え、その人に合う服を教えてくれた。だから授業時間に収まらず、私たちは先生の家にお邪魔して楽しい時間を過ごした」「才気があり、でも温かく、ざっくばらんなお人柄。先生の指導で作った洋服は宝物でした」と振り返る。

自身も学園の教師となり結局三〇年以上、静江と関わったが、彼女の若いころの境遇は知らなかった。小谷野氏が知る静江は「学校では洋装にとどまらず、生徒たちに西洋文化の基本を伝え続けた人」であり、「内面の強さと柔らかさを併せ持つ女性」だった。

思想犯の離別した妻子にとって戦争の時代は苦難であっただろう。だが静江が歩んだ道を見ると、それは悲壮なだけでなく、洋裁教育という舞台を得て、むしろ躍動した生涯だったように思える。

大きな家族

婦人之友社の千葉公子社長は自由学園を卒業後、一九六四年同社に入り、一九九九年から社長となって現在に至る。

『婦人之友』は一九〇三（明治三六）年にその前身が創刊。以来、家庭生活誌として発行を続けてきた。創業者の羽仁もと子・吉一夫妻は、その教育理念を具体化する場として一九二一（大正一〇）年、自由学園を創立。キリスト教を土台とした実践に取り掛かる。

自由学園は今の東京都豊島区に校舎を置いたが、一九三四（昭和九）年、現在地である東久留米市に移った。千葉氏によれば、「南沢」と呼ばれたこの地で、羽仁夫妻は自由学園を中心に、その近隣地への移住を教職員や卒業生に勧め、「学園町」を形成していく。

「私も子どものころ学園町に引っ越してきた。既に越してきていた中嶋先生のお宅は、フランク・ロイド・ライトの弟子である遠藤新の設計。すてきな洋館だった」と千葉氏は振り返る。ライトは旧帝国ホテル「ライト館」や自由学園初期の校舎「明日館」の設計者である。

千葉氏は、父が羽仁もと子のおい。母貞子は高等科一回生で静江と同級。貞子も卒業後、自由学園と婦人之友社に深く関わり、一九六七年から約一〇年間、同社社長を務めた。

「中嶋先生や母らが参加した高等科一回生の卒業旅行は神戸への船旅。中嶋先生のお父さま（日本郵船専務だった中嶋滋太郎）の計らいだったと聞いた。中嶋先生のフランス留学は、もと子先生の後押しで実現したのだと思う。その経験で身につけた裁縫の技能を自由学園や婦人之友で発揮し、長く指導に当たられた」

千葉氏が子どものころ、学園町は自由学園に関係する家族が次々に移り住み、同世代の子どもたちは、学校でも下校後も共にいた。「まるで大きな家族のようだった」という。

すぐ近所だった中嶋静江宅を千葉氏はよく覚えている。「洋裁専用のスペースがあり、暖炉があり、ピアノもあって……。家の中でシルバーという名前の真っ白な犬を飼っていた。ハイカラでしたよ。広い敷地では養蜂をしていた。信じられないでしょうけど、カンちゃんというカラスも飼っていた。お隣の米軍人家族と仲が良くて、親しく行き来していたのを思い出す」

1978年ごろの自由学園1回生の卒業生会で。左が中嶋静江。右から2人目は千葉貞子＝千葉公子・婦人之友社社長提供

そんな千葉氏も、静江の元夫である末永敏事のことは知らなかった。というより、知ろうとしなかったという。

「私たちの間で、範子さんのお父さまの話は一切したことがない。中嶋先生は話さないし、母から聞いたこともない。私たちは聞いてはならないことという感じだった」

静江の娘範子は一九二九（昭和四）年生まれ。一九四三年生まれの千葉氏の学生時代には、既に羽仁家に仕える役目をしていた。生涯独身で自由学園に尽くした。「お嬢さま育ちで、中嶋先生は、それは範子さんのことを深く気にかけていた」

千葉氏は「私たちは自由学園で、名前の通り自由を学んだ。何でもしていい自由ではなく、聖書にある真理の自由。それを家庭生活で表現するのが『婦人之友』です」と語り、こう続けた。

「友社は何より『生活』を重視する。私は『暮らし』と『生活』は違うと思う。朝昼晩と時間が過ぎていく暮らしではなく、生活とは命を生き、命を生かすこと。衣も食も、自分で考え、人に教えられ、命を生きていくことだと思う。主体的に、家庭で、自分で、作れるものを伝えていきたい。中嶋先生の仕事もまさにそうだった。それが創刊の精神であり、これから先もずっと続いていく」

静江も範子も、「南沢の大きな家族」に包まれて、戦後を生きた。その精神は今も生きていると千葉氏は語る。

六章　謎

生涯を掘り起こしたい

北有馬村出身で長崎市在住の末永等さん（七四歳）は、敏事と同郷で、遠縁に当たる。二〇一四年、一族の集まりで「医学者だったが、反戦行動をして死んだらしい」とされる敏事の存在を知り、弟の次利さん（七二歳）＝諫早市＝らとともに、その生涯を明らかにしようと調べ始めた。

末永等さん＝長崎新聞社撮影

等さんは翌年、戦前の思想弾圧を調査する治安維持法犠牲者国家賠償要求同盟（中央本部・東京）に協力を依頼した。

同盟は文献調査の中で、思想犯の摘発を集約した旧内務省資料「特高月報」に「末永敏事」の記載があるのを発見。彼が特別高等警察に逮捕され、収監された記録が初めて確認された。

　これを受け、同盟発行の『治安維持法と現代』二〇一五年秋季号で、藤田廣登常任理事が「われ一粒の麦とならん――末永敏事　反戦・反軍の信念貫いた生涯」と題し、それまで埋もれていた敏事の存在を世に出した。

　等さんは「自分の一族に大きな仕事をしたらしい人物がいて、しかもその事実がほとんど消し去られていると知り、彼の生涯を掘り起こしたいと思った。まるで存在しなかったかのように扱われてきた人物。いろんな人に協力をお願いしながら調べてきた」と振り返る。藤田氏

藤田廣登さん＝長崎新聞社撮影

も「同盟の調査の中でも、末永敏事は新たな重要な人物」と位置付ける。彼らの調査の途中だった二〇一六年初めから、長崎新聞も取材に加わった。
　だが、敏事がどのような状況で死亡したのか――はまだ確認できない。敏事の生涯は謎が多いが、その最大のものは、死んだ場所と理由が特定できていないことだ。
　戸籍によれば、敏事は一九四五（昭和二〇）年八月二五日、東京の「清瀬村」で死亡したとなっている。死亡届を出したのは「同居者末永正二」で、北有馬村役場が一九四七（昭和二二）年八月五日に受け付けた――となっている。死亡から二年近くも過ぎている。

戸籍にある末永正一は敏事の兄の子で、終戦後に台湾から北有馬村に引き揚げた。従って一九四五年時点で敏事と「同居」していた事実はない。正一の子である末永道伯さん（六八歳）＝千葉県茂原市＝は「何らかの理由で死亡届の手続きが大幅に遅れ、父が北有馬村に戻った後になって提出したのだろう」と推測する。

敏事の親類や縁者は、終戦前後に敏事の遺骨が北有馬村に送られてきたと、親などから聞かされている。一九四五年の死亡時に東京で死亡届を出す者がおらず、遺骨が故郷に送られたということだろうか。

これに関しては、東京から遠く離れた島原半島の親類たちが記憶する伝聞内容は幾通りかに分かれており、どれが事実なのか判然としない。

敏事はどこで死んだか

諫早市の井村一男さん（八三歳）は小学生のころ、敏事の幼なじみだった伯父井村八十治から「敏事は終戦前に渋谷の思想犯の刑務所に入っていた」と聞いた。

「渋谷の思想犯の刑務所」という表現から結びつけることができるのは、当時東京・渋谷にあった東京陸軍刑務所である。ただ、陸軍刑務所に入れられていたとすれば、内務省管轄の特別高等警察ではなく、憲兵隊に拘束された可能性を考えなければならない。

同刑務所は一九四五年五月二五、二六日の「山の手大空襲」で被災した。この際、米軍捕虜

東京陸軍刑務所があった場所付近。その痕跡は、二・二六事件被告処刑の慰霊像が建っているだけだ（東京・渋谷区）＝長崎新聞社

らが焼死する事件があったが、日本人収容者に関する記録は乏しい。防衛省防衛研究所は「東京陸軍刑務所の関係は空襲被災で史料が残っていない」という。

一方、敏事の兄の孫である末永道伯さんは、父から「敏事は網走刑務所に送られた」と聞いた。長崎新聞が網走刑務所に調査を求めたが「行政文書の保存期間が経過しており、記録がない」との回答が返ってきた。

網走刑務所に送られた思想犯罪受刑者は、共産党幹部など「重要な事件」に関与した者が多いとされる。敏事の場合、共産党とは無関係だし、重罪人に位置付けられていた形跡もない。網走説にも欠点が感じられる。

複数ある獄死説はどれも裏付けが取れないのだが、一方で、「敏事は病院で死んだ」と聞いている人もいる。

敏事の親類の一人は「『終戦後、伝染病の病院で死んだ』という話を聞いたことがある。『戦争が終わり、やっと敏事さんの時代が来たというのに亡くなってしまった』という話だった」と語る。

実は、この話は北有馬村に提出された敏事の死亡届との符合を感じさせる説だ。戸籍によれば、敏事は一九四五（昭和二〇）年八月二五日、東京の「清瀬村」で死亡したと届けられている。

敏事は長年、結核研究と診療に携わった。結核予防会の島尾忠男元会長は「戦前は結核の医療・研究に従事する医師が感染するのはまれでなかった。敏事の場合、拘束された悪条件下で発病したという可能性もあり得る」という。

清瀬には戦前から結核療養所が集まっていた。結核医だった敏事が結核に感染、発病し、刑務所ではなく最終的に清瀬の結核療養所に収容され、終戦直後に死を迎えた――。この説にも裏付けはないが、関係者の証言や死亡届に書かれた場所から、そういう推定もできる。

八つの施設

そう仮定した場合、その病院はどこだったと考えられるのか。

清瀬に最初の結核療養所ができたのは昭和初期。島尾氏によると、結核は死に至る感染症として恐れられ、患者は差別の対象だった。その療養所ができるとなれば、地元で強い反対が起きた。当時の清瀬は無医村で、住民に病人があれば療養所から往診に行くと説明して、その開

傷痍軍人東京療養所に72棟あった外気舎の一つ（東京・清瀬市）＝国立病院機構東京病院提供

設を説得したという。

いったん結核病院ができると、周囲の土地は敬遠され、あまり利用されなくなった。次の療養所計画が持ち上がると、建設の適地として既存病院の隣接地が候補になるという繰り返しが起きた。そういった事情もあり、清瀬には終戦までに八カ所もの結核療養所ができた。

東京府立清瀬病院、療養農園ベトレヘムの園、救世軍清瀬療養園、傷痍軍人東京療養所、上宮教会清瀬療園、信愛病院、清瀬浴風院、清瀬保養園――。公立のほか、宗教団体や企業が開設した病院群である。

現在の清瀬市にある当該の病院あるいはその後継病院に、終戦のころ「末永敏事」という患者が入院していなかったか、そして、そこで死亡していないかを照会したが、やはり七〇年前は遠い。回答があったうち、現在の慈生会ベトレヘムの園病院以外は「記録が残っていない」とのことだった。

当時の八施設のうち、ベトレヘムの園、救世軍清瀬療養園、信愛病院の三つはキリスト教系団体によって設立されたものだ。

内村鑑三に師事した無教会主義キリスト信徒だった敏事が清瀬で最期を迎えていたとすれば、

そのいずれかの施設に収容されていた可能性は仮説の一つとして成り立ちうるはずだ。

だが現在の救世軍清瀬病院と信愛報恩会信愛病院には記録が残っていなかった。ベトレヘムの園病院は、開設以降の患者氏名や入退院期日などを記した台帳をすべて保管していた。しかし、そこに敏事の名はないという。

もう一つ。清瀬ではないが、敏事が勤務したことがある白十字会も気になる。死亡する七年前の一九三八(昭和一三)年、敏事は茨城県の白十字会保養農園に勤務しているときに反戦言動で逮捕された。その白十字会は四三(昭和一八)年、清瀬村近隣の東村山に結核療養施設、村山療養園を開設した。

敏事が白十字会と縁があったことを考えると、この村山療養園も候補に入れたいところだが、現在の社会福祉法人白十字会によると、やはり当時の記録は残っていなかった。

救世軍清心療養園旧本館＝救世軍清瀬病院提供

病院の街・清瀬

東京にあったキリスト教系の結核療養施設の中で、敏事の死亡場所として、さらに想像を働かせるとすれば、考察しておきたいのは救世軍清瀬療養園(終戦時は「清心療養園」)である。

その指導者山室軍平と、敏事の師内村鑑三との間に交流があったのだ。

英国のプロテスタント教団、救世軍は一八九五（明治二八）年、日本で活動を始めた。山室は伝道を進めながら廃娼《はいしょう》運動や結核救療に力を入れ、この過程でキリスト教思想家内村とも交流を持っていた。内村は生前、山室に好意的な視線を向け、激励していたようだ。

救世軍が清瀬療養園を開設したのは一九三九（昭和一四）年。だが山室が没した四〇年、救世軍は東京憲兵隊の弾圧を受ける。英国に本部を持つ団体でありスパイ行為の危険性があるとの名目で救世軍幹部らが拘束され、訴追はされなかったが、当局の強い圧力にさらされた。救世軍はこれを機に「救世団」と改称する。

米国帰りの結核医学者であり、内村門下の無教会主義信徒として思想弾圧を受けた敏事は、結核救療などの社会活動に取り組みながら、「英国由来」との理由で実行された救世軍への弾圧をどう見ていただろうか。

戦争末期、敏事が結核で療養が必要な状態にあったとしても、当局の監視下にあったらしい彼の境遇で病院を選ぶ自由があったかどうか分からない。だが、それが可能であったなら、キリスト教系の病院で療養することを望んだのではないか。さらに、師内村鑑三と縁のあった救世団に助けを求めたと想像することも荒唐無稽ではなかろう。

ただ、若き日の敏事は日本の結核医療に背を向けるかのような意気込みで、海外へ飛び出した。彼は国民病結核の克服を志して徒手空拳の渡米を敢行し、国際舞台で病理学研究に打ち込んだ。それから約二〇年を経た彼の最期が、日本の結核療養の中心地清瀬の病院であったとすれば、皮肉な因果である。

歴史的に「病院の街」と言われてきた清瀬市は今、それをマイナスにとらえるのではなく、独自の医療文化を地域の誇りとして残していく方策に取り組んでいる。同市秘書広報課は「『Kiyose』は各国の結核研究者に知られた療養と研究の国際的拠点。世界遺産にも匹敵するものであることを伝えていきたい」と話す。

一九三九年築の救世軍清瀬療養園の旧本館は二〇一四年に解体されたが、木造建築の部材は保存されており、復元を含めた活用の機会を待っている。

異説

「清瀬の病院で結核死か」という推論を新聞掲載した後、別の情報が舞い込んできた。

「私は義母と夫から、敏事兄様は伝染病の病院で、赤痢《せきり》で死んだと聞いた」

南島原市の寺田ヨシ子さん（七八歳）の証言である。寺田さんの亡くなった夫は、末永敏事の妹の子である。

敏事の死亡に関し、親類たちからは獄死説が複数聞かれる。一方、東京・清瀬村での結核による病死も推測してみた。それらの記事を読んだ寺田さんは、自らの記憶を伝えておきたいという気持ちで電話をかけてくれた。

敏事の兄の孫に当たる末永道伯さん
＝長崎新聞社撮影

寺田さんが嫁いできたのは一九五八（昭和三三）年。義母から話を聞いたのはそれ以降であり、ほかにも「敏事兄様」に関する思い出をいくつも聞かされていたという。

島尾忠男・結核予防会元会長によると、赤痢は当時、ポピュラーな消化器感染症だった。有効な抗生物質や化学療法剤がなかったため、患者の死亡もあり得た。一方で、敏事が死んだ一九四五（昭和二〇）年の時点で、戸籍上の死亡地とされる清瀬村に赤痢患者を収容する隔離病棟を持つ病院はなかった。

今はいずれの説の裏付けも取れないが、それぞれの人たちが先人から話を伝え聞いたこと自体は、どれも疑いのない事実であろう。

末永敏事の兄の孫である末永道伯さんは、父正一に敏事の逸話を聞かされていた。

「父に聞いたのは、内村鑑三の世話で実業家中嶋滋太郎の娘と結婚したが、離婚したということ。まだ夫婦だったころ、父正一も東京にいて、東中野の中嶋家で、赤ん坊だった敏事の娘をおんぶしたり、あやしたりしたと話していた」と述懐する。

「敏事はあんな時代に戦争に反対したのだから、とても勇気があったと思う。一流の医学者でも戦争に反対すれば抹殺されてしまう。名誉回復できるなら、そうなってほしい」

道伯さんは幼いころ、生まれ故郷の北有馬村で、敏事の姉ムガにかわいがってもらったという。

戦後生まれの道伯さんは、敏事と会ったことはない。ただ、弟敏事に対するムガの思い入れはよく聞いていた。彼女にとって、敏事は「きょうだいの中でただ一人父の後を継いで医者になり、米国でも活躍した」という自慢の弟だったようだ。

だが、敏事が反戦を唱える〝国賊〟となって以降、周囲は一変した。ムガ自身も罵声を浴びせられたり、夜に雨戸に石をぶつけられたりしたと話していたという。

「悔しかったんだと思います。弟がかわいかったのでしょう」。道伯さんはそう振り返る。

道伯さんの両親は「(敏事の)遺骨を見た」と話していたという。であれば、北有馬村に送られていたということか。だが末永家の墓所に、敏事の名が刻まれた墓はない。彼がどこに葬られたのかは謎のままだ。

徹底した人

ここまで島原半島・北有馬村出身の結核医学者末永敏事の生きた足取りを拾い集めてきた。

長崎医専を出て米国へ渡り、結核研究の舞台で活躍して帰国。日本の医学界でも短期間活動したが、昭和の初めに故郷北有馬村に戻り、医院を開業した。それ以降は一九三三(昭和八)年の離婚、三七年の茨城県での開業、三八年の反戦言動による逮捕、四三年の旧友井村兼治と

鈴木範久・立教大名誉教授＝長崎新聞社撮影

の再会、そして四五年の死と、出来事の断片しか明らかでない。

『内村鑑三全集』の編集に携わった鈴木範久・立教大名誉教授（八一歳）は、以前から敏事の存在に気づいていた。

それは内村の日記や書簡に敏事の名が幾度か登場していたからで、さほど重要な門下生として認識していたわけではなかった。結核医学者として活躍したが後年、思想犯として弾圧され、その人生が暗転していったことは知らなかったという。

鈴木氏は一五歳から一七歳まで三年間、結核にかかり療養した。「病気で出遅れたので、いい学校やお金のある生活とは縁がなかろう、と。別の生き方しかないなと思った」。キリスト教の考え方、中でも特に内村鑑三が創始した無教会主義に強い関心を寄せるようになった。

「内村はキリストの教えの本質を考え抜いた人。いわゆる世間的な価値とは違う社会を語っていた」

それは戦争観にも表れていた。

内村は日露戦争の間際に戦争の害悪を唱え、日本の危機を語った。第一次大戦に際しては文明の暴走を感じ取り、世界の危機を警告した。いずれも当時の趨勢《すうせい》とは異なる言論だった。さまざまな内村の文献を読み進むほどに、それらは心に響いたという。

鈴木氏は内村本人について、そしてその「受信者」たちを研究しようと取り組んできた。

「内村鑑三にはいろんな面があって、なかなかどういう人だったか分からない。簡単にこういう人だったと言い切るのが難しく、それも興味深いわけだが、加えて、内村の教えに従った人たちが、それをどう受け止めて、その人の生き方にどんな影響を与えていったか——を探ることにも力を入れてきた」

敏事は島原半島から中学進学のため上京し、内村に出会って以降、師に従い続けた。米国で結核研究に携わる間も無教会主義の信仰を守り、帰国後は師の信条だった非戦思想を行動に移し、死へと追いやられていく。

鈴木氏は、敏事の生涯を見て「とにかく徹底した人だったと感じる」と言う。

「内村の弟子たちにも日本の戦争に抵抗した人たちはいた。その多くはじっと息長く抵抗した。これに対して末永敏事は行動し、そのまま死に向かった」

敏事は一九三八（昭和一三）年、「反戦主義者」を名乗り、結核療養施設勤務に付随する「軍務」を拒絶。逮捕されて牢に入れられた。そうなることは分かりきっていたはずだ。「徹底して生きるには信仰が必要。彼には確かな信仰があったのだろう。世間的な価値は眼中になかったと思う」。鈴木氏は敏事をそう評する。

岩波文庫は、ほぼ八〇年ぶりの新訳となる『余はいかにしてキリスト信徒となりしか』を二〇一七年に刊行した。内村が前半生を英文で書いた自伝的作品である。鈴木氏はその訳を担当した。

同氏は「前半生を書いた本であり、米国留学から帰国後の記述はない。だが、これを執筆した時点の内村には帰国後、『不敬事件』（第一高等中学校の教師だった一八九一年、教育勅語奉読式で最敬礼せず、社会問題化した）で攻撃された傷があり、既に単純な愛国主義者ではなくなっていた。彼は国家を超えた愛国心を持つようになっており、そんな彼の胸中が反映された本だという認識で、新訳にあたった」と語る。

終　章

師との出会いは

敏事の人生を探る中で残る最大の不明点は、その死亡状況だが、もう一つ、彼にとっての内村鑑三の存在の重さを考えるとき、この生涯の師といかに出会ったのか——も解き明かしたいところだ。

敏事は中学進学のため一九〇一（明治三四）年ごろ上京し、間もなく内村の弟子になったと思われる。ここでより具体的に、敏事がキリスト教思想家の内村をどこでどう知って接点が生まれたのか——である。

敏事に関する記録を手繰っていくと、彼をめぐる内村門下の人脈がいくらか見えてくる。それをここで記しておきたい。

逮捕される前年の一九三七（昭和一二）年、敏事が茨城県に現れ、当時の同県久慈郡賀美村折橋で「末永内科医院」を開業した際、彼が同じ内村門下の蒲池信宛てに開業あいさつの封書を出していたことは、「茨城で医院開業」の項（九一頁）で述べた。
その書簡で、敏事は開業の通知を記した後、自らの近況をこう書いている。

　小生関係に於ては今日まで喪を発しなかつたといふ様な状態となつて居りましたが最も恩愛深かりし友人にして骨肉なりし叔母（古谷春）と妹（市川霞）とを昨年夏秋の頃に失ひ双腕を殺がれし思ひで暮して来ました事を併せて御報申上ます

「友人にして」という表現もあり分かりにくいが、敏事には、戸籍名カスミという七歳下の妹がおり、結婚して市川姓に変わっている。従ってここにある「市川霞」は実妹と考えられ、であれば「古谷春」も敏事の叔母と推定できる。ただ、敏事の親類に照会してみたが、敏事の父母の家系図などは残っておらず、父母いずれかに「春」という姉妹がいたかどうかは判然としない。
実はこの古谷春は、「内村からの手紙」の項（三三頁）でも登場している。

　御平康を賀し候《そうろう》、毎々御寄附御送り被下《くださられ》有がたく奉存候《たてまつりぞんじそうろう》、別便を以《もっ》て『研究十年』一冊差上候間御落手《らくしゅ》被下たく候、古谷叔母様へ呉れ〴〵も宜しく御伝へ被下たく候、当方よりは常々御無沙汰致し居り候、

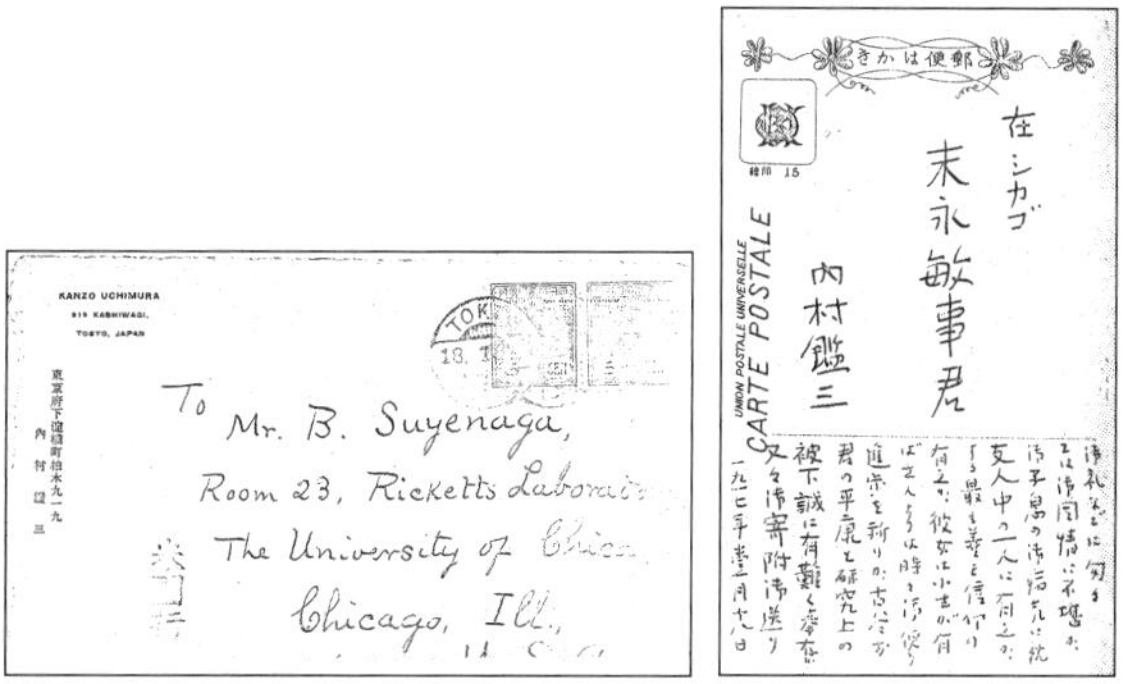

内村鑑三から末永敏事に宛てたはがき（1917 年 1 月 18 日付）の複写＝高木謙次さん提供

一九一三、十二月廿八日

内村鑑三

内村から敏事に宛てた最初の書簡で、一九一三（大正二）年一二月二八日付。医師となった台湾時代の若き敏事に寄付の礼を伝えている。「台北医院内」宛のはがきだ。

ここで内村は「古谷叔母様」に「くれぐれもよろしく」と気遣いを書き添えている。これが古谷春である。文面は彼女も敏事と同じく台湾に住んでいたと読める。

次に挙げる一九一七（大正六）年一月一八日付は米シカゴの敏事宛てで、市川聖書集会の高木謙次さんが実物の複写を入手していた。ここでも内村は「古谷おばさん」を気遣っている。

又々御寄附御送り被下誠に有難く奉存候、君の平康と研究上の進歩を祈り候、古谷おばさんよりは時々御便り有之候、彼女は小生が有する最も善き信仰の友人中の一人に有之候、御子息の御病気に就ては御同情に不堪候、御礼までに　匆々

内村と敏事の「叔母」

『内村鑑三全集』三九巻には、内村から手紙を送られた受信人の一覧が掲載されている。そこに「古谷はる（一八六八～一九三六）は内村聖書集会の古くからの会員」と記されている。春は、敏事より以前から内村の聴講者だった可能性もあるのではないか。

もちろん逆に、門下となった敏事が叔母の春に内村の教えを説いた可能性もある。だが敏事が内村の弟子となったのは早くて一九〇一（明治三四）年の一四歳の頃であり、春は一八六八年生まれで敏事より二〇歳近く年長だ。

「古谷叔母様」は、内村から敏事への書簡の中でその後も触れられている。さらに内村は、春本人に宛てても手紙を二通書いている（『内村鑑三全集』三七、三八巻）。

このうち、台湾あて一九一二（明治四五）年三月二〇日付には「（略）私先般の不幸に遭遇致し候際にも心の中に貴女《あなた》様の事を思出し、悲む者は我れ一人にあらざるを思ひ、大に力付けられ申候、誠に子を喪はずしては人生の味は解らざることを今回深く〳〵感じ申候」とある。

先ごろ自分が不幸に遭った際、あなた様を思い出し、悲しむ者は自分だけではないと力付けられた。子を弔わなければ人生の味は分からないものだと深く感じた――といったところか。

内村の身辺ではこの直前の一九一二年一月、愛娘ルツ子が一九歳で急逝。内村は衝撃と悲嘆に打ちのめされていた。この文章で彼は、同じ悲しみを知る人として春を思い出したと書いている。この同じ悲しみが、春も子を失った経験があるという意味なのかは判然としない。この五年後、先に触れた一九一七年の敏事宛て書簡では、内村は春の「御子息」の病気を心配している。

はっきりしているのは、いずれの文面からも、内村の春に対する深い敬意が伝わってくることだ。敏事を内村に結びつけたのは、やはり「叔母」の古谷春だったのではないかという想像を消し去ることができない。

古谷春の名前は、意外な所でも見つけることができる。

一八八七年創立のプロテスタント教会である東京の富士見町教会の一九二一（大正一〇）年会員名簿である。

古谷春の住所は「長崎県南高来郡北有馬字今福、末永方」とある。敏事の実家と見て間違いない。

だが翌一九二二年の名簿では「台北市児玉町二ノ五〇」に変わっている。富士見町教会に残っている名簿は一九二一年から三二年までの合本で、それ以前はない。春の住所は二六年まで台北市。翌二七年は台湾の項に氏名が記載されているが、住所は空欄。二八年以降は氏名も見当たらなくなる。

古谷春《はる》	長崎縣南高來郡北有馬字今福、末永方
藤田治芽	福岡市天神町日本基督教會
寺井きち	長崎縣東彼杵郡福重村
佐藤繁彦	熊本日本基督教會
佐々木好母	福岡市下警固町四九八
三原一正	佐世保重砲兵聯隊
三上かなを	佐賀市松原中小路
美坂熊吉	鹿児島縣加治木町向江町
菅野百《ゆ》合《り》	大分縣中津町京町
須賀ふぢ	熊本市手取本町五三小代方

富士見町教会の 1921 年会員名簿＝富士見町教会所蔵

内村の受信人一覧によれば、一九二九（昭和四）年ごろ、春は台北で「家庭集会」の信仰活動に加わっていたと記されている。春は台湾在住のまま富士見町教会を抜けたのか。あるいは彼女にそんな自覚はなく、教会側が彼女の住所を把握できなくなったのか。

名簿は富士見町教会の長老である郡山千里氏の立ち合いで閲覧を許された。郡山氏は一九三八年生まれで高校二年で受洗。以来、同教会の会員であり、その歴史に最も詳しい一人だ。

郡山氏によると、名簿に載っているのは、東京のこの教会で会員になった人であり、その人たちが転居するに従い、会員の住所も内外に広がっていった。

一方、教会の創立者植村正久は内村鑑三と往来があり、無教会主義にも理解があったという。同氏は「だから富士見町教会の会員のまま、同時に内村の集会にも参加するという人もいたと思う。当時の彼女の事情を説明できる材料は今はない。教会に残る古い資料を探っていけば、古谷春に関する別の記録もあるのかもしれない」と話す。

メキシコ移住

実は、古谷春は内村鑑三門下のあるグループに深く関わっている。春には娘サエ（一八九三〜一九七四年）がいた。内村の受信人一覧によれば、東京で生まれ、一八歳のとき植村正久によって受洗したという。サエは一九二二（大正一一）年、内村門下の清水繁三郎（？〜一九二六年）の妻となる。

清水は三菱の長崎造船所技師で、同僚たちと聖書研究会を持っていた。内村を慕う無教会信者による集会である。その後、内村門下のメキシコ移住者が帰国を余儀なくされ、その農場経営が宙に浮いたのに呼応し、清水は自ら移住に踏み切る。

長崎造船所の集会で中心となったのは、同じく造船技師の池田福司（一八七二〜一九四一年）で、清水は職場で池田の部下だった。池田は内村に相当重視された門下生であったのと同時に、造船所でも重用されていたという話が伝わる。

長崎の聖書研究会に参加していた中に、松田英二（一八九四〜一九七八年）という少年がいた。出身は長崎市片淵、長崎中から島原中に転じ卒業したといわれるが、年少の頃のことははっきりしない。その後、台湾に渡り教員などを務めながら、植物学を志していたが、そんな暮らしの中で、先述のメキシコの農場問題を知った。

池田、清水、松田の三人は資金を出し合ってメキシコの農場を買い取る算段を進め、その先発として一九一七（大正六）年ごろ日本を旅立ったのが清水だった。

リーダーだった池田は結局、事情で渡航できず、次にメキシコへ向かったのが松田だった。春の娘サエは、内村の仲立ちで清水と婚約し一九二二年、松田とともに海路メキシコへ。内村は港で見送り、激励した。到着したサエは当地で清水と結婚した。

ところが四年後の一九二六年、清水は急死。サエは二人の子を連れ帰国する。遺児のうち長男望（一九二四～二〇一四年）は法学者となり、早稲田大教授を長く務めた。

「究むべきは自然、読むべきは聖書、為すべきは労働」という内村鑑三の呼び掛けは、門下生たちをへき地伝道とその地の住民に尽くすという行動に向かわせた。一九二〇年代と言えば、ちょうど末永敏事が米国での結核研究で頭角を現し、在米門下生の代表格だった頃である。同じころ隣国メキシコでは内村門下の長崎グループが奮闘していた。

古谷春が敏事の叔母であるなら、サエはめいということになる。敏事とメキシコ組はいずれも長崎にゆかりがあり、春とサエを通じて何らかのつながりがあったかもしれない。

実際、その気配はある。鈴木範久・立教大名誉教授によると、内村の雑誌「聖書之研究」の一九二五年か二六年ごろとみられる購読原簿に、米国から帰国したばかりの敏事の氏名が記載されており、その東京の住所は「北品川・御殿山・七一八　池田福司方」となっているという。

敏事が本当に池田宅に身を寄せていたかどうかはともかく、両者はそれなりの深さの関係であったのではないかという推測は成り立つ。

内村鑑三を中心として古谷春・サエ母娘、三菱の長崎造船所の聖書研究会といった人脈が敏事の周りにあったと想像すれば、少なくとも信仰の面を見るとき、敏事は孤独ではなかったといえるのかもしれない。

松田英二

結局メキシコに残ったのは長崎出身の若者、松田英二だった。

松田の著書などを基に、その活動を記しておきたい。

明治二七年生まれの松田は、島原中時代に偶然手に取った内村の書物に感化され、その教えに従うようになった。内村の雑誌を買いそろえ、造船所の集会にも顔を出した。

台湾では、二〇代で小中学校などの建設と開校後の運営に複数携わり、傍ら本人が最も望んでいた植物分類を学んだ。開設された台北大の農学部研究科の博士に師事したとされる。

松田はその著書『南メキシコに遺された日本人の足跡』（一九六六年、玉川大学印刷部）で、池田、清水、松田の三人を「何《いず》れも農業にはずぶの素人で前二者は造船技師、第三者は植物学徒で何れも夢みる人達であった」と書いている。

台湾にいる間も池田、清水と文通があっ

松田英二＝NPO 法人今井館教友会提供

た松田は、内村門下生が移住した未開の地で、その農場が窮していることを知り、立て直しに自ら加わろうと決心したのだろう。一九二二（大正一一）年、彼は古谷春の娘サエを同行し、メキシコへと出発した。

入植した同国南部アカコヤグア村の農場の名前は「エスペランサ（希望）」。

「究むべきは自然、読むべきは聖書、為すべきは労働」の実践である。松田は、先に農場に入っていた清水とともに働いたが、池田はついに移住を果たせなかった。一九二六年には清水が病で世を去り、その妻サエは帰国。希望農場は松田の個人経営となった。

国内はメキシコ革命の余波で内乱状態にあり、首都から遠く離れたその地の住民は貧しく、賊も横行した。

松田は農場の中庭に学校を建て、母国語の読み書きもできない孤児を集めた。そこは日曜の集会の場にもなり、松田が聖書を講じた。松田は前掲書に「農事と共に育英の事業を創めて附近の悪風を矯正これつとめて民情を改めるに多少の成功を収めた」と記している。

松田のもとに集まった村民の中には、かつて日本人移民の家に押し入った賊やその子が含まれていたが、彼らも賛美歌を歌うようになった。松田の同士であった清水繁三郎とサエの長男望は戦後、当地を訪ね、集会所で松田の聖書講義を聴いている。

そのときの体験を清水望はこう記した。

「残念ながらスペイン語のため理解できなかったが、聴きいっている村人たちの輝けるまなこ。そのときの光景は今もなお目にやきついている」（「松田英二先生とメキシコ」『キリスト教常識』第二四二号・一九七八年一二月）。

農場は安定し、日曜集会の聴講者は一〇〇人を超えた。カトリックの国で、日本の無教会伝道が小さくはあるが花開き、戦後も継続した。

話は戻るが、農場が落ち着くと松田は次なる事業を望んだ。若い頃から念願してきた植物分類の実地に着手したのだ。一九三六（昭和一一）年、農場周辺の調査を始め、やがて手を広げた。長崎から飛び出した内村門下松田英二は、遠い異国の小さな村で伝道の成果を挙げ、自ら志した学問の道に突き進んだ。

植物学で業績

第二次大戦が起きメキシコが連合国側で参戦しても、アカコヤグア村のあったチャパス州だけは日本移民の首都メキシコシティーへの収容が猶予された。しかし一九四四（昭和一九）年、ついに同州の日本人も敵国民管理のため首都へ集められた。

日本とメキシコの関係史を総覧した『海を越えて五百年　日本メキシコ交流史』（荻野正藏著、二〇一六年）によれば、ここでも松田は行動に出た。

移民を代表して当時のアビラ・カマチョ大統領に電報を打ち、「われわれはメヒコの子どもたちの教育に尽力してきたが、集結されたいま、学校がどうなっているか不安である。一刻も早く帰り、子どもたちの面倒を見たい。教育に明日はない」と訴えたのだ。

大統領はこれに応じ、敵国民である日本人の希望者七〇家族を一九四四年一〇月、地元へ帰したという。戦争中であっても、松田は対戦国に日本移民の貢献を主張し、大統領はそれを認め、多くの移民が拘束を解かれた。

前掲書によれば、松田は戦後、メキシコ国立自治大に招かれ、植物学の教授となった。彼が半世紀にメキシコで発見した植物の新種は八〇〇以上に上るという。その名は「マッダ」「エイジ」という読み方のほか、彼の妻瑞穂にちなみ「ミズホ」の発音が付された植物もある。

松田は一九七八（昭和五三）年、学会でペルーに赴いた際、八四歳で客死した。

同書の著者荻野正藏氏は、松田が最後の旅に赴く直前にも会い、その際「お帰りになったら一緒に榎本殖民記念事業をしませんか」と語り掛けた。

日本からのメキシコ移民は一八九七（明治三〇）年、ときの外相榎本武揚が主導した殖民団に始まる。ちょうど八〇年が過ぎたというところで、荻野氏は松田に声を掛けたのだった。

松田は「よし、やろう」と約束した。

それが最後の面会になったという。

内村鑑三研究の拠点である今井館教友会（東京）の福島穆理事は、日本電気在職中、中南米担当を長く務めた。その福島氏は一九八九（平成元）年、かねて強い関心を寄せていた松田英二ゆかりの地をメキシコに訪ねた。

福島氏の記事（『恩恵の継承　その2』経堂聖書会編、一九九〇年に収録）によれば、同氏はトルカ市の植物園に立つ松田の胸像、チャパス州アカコヤグアにあった松田の旧居跡、松田が聖書を講じた会堂などを巡った。

福島氏が会堂を訪れたのは、松田没後一〇年余も過ぎた頃だった。しかし目の前で聖書集会が存続しているのを見た。

室内にマリア像も十字架のイエス像もない。講壇に生花があるだけ。側面の壁に松田の写真が一枚。日曜の参集者は六〇～七〇人。この村で、松田が去っても、メキシコ人による無教会信仰は根づいていた。福島氏は「無教会の集会をそっくり移したような光景に驚き、感激した」と振り返る。

二〇一七年は、榎本殖民一二〇年の節目。その中で松田英二は、長く記憶されるべき功績を残した一人と言えるだろう。

茨城で敏事を探す

二〇一七年五月、茨城県で新たな事実を取材することができた。

それは、一九三七（昭和一二）年、茨城県に現れた敏事をめぐるエピソードである。

離婚し、故郷を出た敏事の消息が次に見えたのは一九三五（昭和一〇）年。プロテスタントの一派クエーカーが発行していた会報「友」の同年六月号に、敏事は「山吹の花」という題の詩を投稿していた。この経過は「山吹の花」の項（八九頁）以降で書いた。

この詩で敏事は、ヤマブキを自然の春の美の象徴として語り、対比させて文明のおごりと無節操を嘆き、さらには満州事変以降、国際的孤立へと向かう日本に自重を求めているようでもあった。

クエーカーは「フレンド派」とも呼ばれ、日本での伝道は明治中期に開始。東京に普連土女学校、芝普連土教会を開いた。フレンド派と内村鑑三の間には交流があり、実際、普連土女学校は内村と新渡戸稲造の進言を容れ、創立されたという。

包括団体であるキリスト友会日本年会（東京）で総務書記などを歴任した大津光男氏によると、茨城県は早くから日本での拠点となった地域で、この「友」は、国内のフレンド派全体へ向けた会報だが、当時の発行人は水戸市の伝教師だった亀山仙次郎（一八八八～一九六七年）が務めていた。

同時期に活動したフレンド派の宣教師にハーバート・ニコルソン（一八九二～一九八三年）という米国人がいた。大津氏によると、ニコルソンは戦前から水戸市で救貧などの福祉事業を始め、亀山とも活動を共にした。

敏事は一九三七（昭和一二）年に茨城県久慈郡賀美村で内科医院を開業したとされ、それ以前に同県に来ていたと考えられる。なぜ茨城だったのかは判然としない。フレンド派は絶対平和主義の立場が明確で、内村の非戦論に従う敏事にとって親近感を持てる教派ではあっただろう。大津氏は「ハンセン病や結核の患者に寄り添う医療伝道に力を入れたニコルソンと交流があった可能性は十分ある。「友」に投稿したこと自体が、亀山と関係があったことを推測させる」と話す。

　敏事の開業は、一九三七年四月に友人に宛てた開業あいさつの書簡が残っていたことで、その事実があったことを推測できていた。その旧賀美村折橋は現在の常陸太田市にある。

敏事が 1937 年に開業した茨城県常陸太田市折橋町付近の今＝長崎新聞社撮影

　同市は福島県に近い茨城県北の内陸部にあり、中でも折橋は山間部に位置する。
　茨城県郷土文化研究会の冨山章一会長によれば、常陸太田市は歴史の町だ。
「ここは古くから佐竹氏の根拠。特に戦国時代は勢力を伸ばし、常陸一円を治めたが、家康に命じられ秋田へ移った。茨城というと水戸徳川家のイメージで見られがちだが、この地で長く栄えた佐竹氏の歴史をもっと語り広めたい」。それが同氏の現在のテーマである。
　その冨山氏に、敏事を探す調査を依頼して間もない二〇一七年五月、驚くべき連絡が届いた。折橋に、敏事が開業していた当時の医院の看板を保管している人がいるというのだ。

冨山氏は、地元の高齢者らに話を聞いて回るうち、戦前の一時期住み着いた医者がいたらしい情報を聞き付け、折橋のある旧家にたどり着いたのだった。


「内科診療　医師末永敏事」


常陸太田市折橋町の佐川尚樹さんは、父からその医者のことを聞いていた。

「祖父恒次郎の一家は戦前、常陸太田の中心のほうで暮らしていた。だから北に離れた折橋の家は空き家。そこを一時期医者に貸していたと聞いた。貸していたといってもお金は取っていない。空いているから使っていいよというぐらいの話。祖父一家が折橋に戻ったのは終戦になってから。祖父は文人だった。祖父が書いた文章やメモ類は多くあったが、もう処分してしまった。ただ、この看板だけはずっとうちにあって、じゃあ玄関にでも飾っておくかとなった。何となくですよ。もう三〇年ぐらいかな。ずっと玄関に飾っていたというか、置いたままにしていた」

縦三六センチ、横一三・五センチ、厚さ一・五センチのヒノキ板。

表に「内科診療　医師末永敏事」と墨書されている。看板としては小ぶりだ。氏名の文字が右肩上がりで、「事」の縦棒が下方向に長い——といった筆跡の特徴は、「台湾へ」の項（二六頁）で掲載した論文「ピオルコウスキー氏亀結核菌製剤ノ治験」に記された敏事直筆の署名と似ている。おそらく看板は敏事の直筆だろう。墨書部分を残して、その輪郭の周囲がごく薄く削り取られており、文字が浮き彫りのようになっている。

　これが佐川家の玄関に三〇年もの間、飾られていたという。一九三七年に敏事が開業した医院の看板であれば、印刷物や書簡の複写を除けば、今ある唯一の物証である。とうとう敏事が手にしたであろう現物にたどり着いた。

　一九五三年生まれの佐川さんは、もちろん敏事と会ったことはない。だが、その唯一の物証を現代に伝えてくれた。彼は「昔のことだし、あんまり詳しい話は聞いていないんだよ」と言いながら、淡々とした口調で説明した。

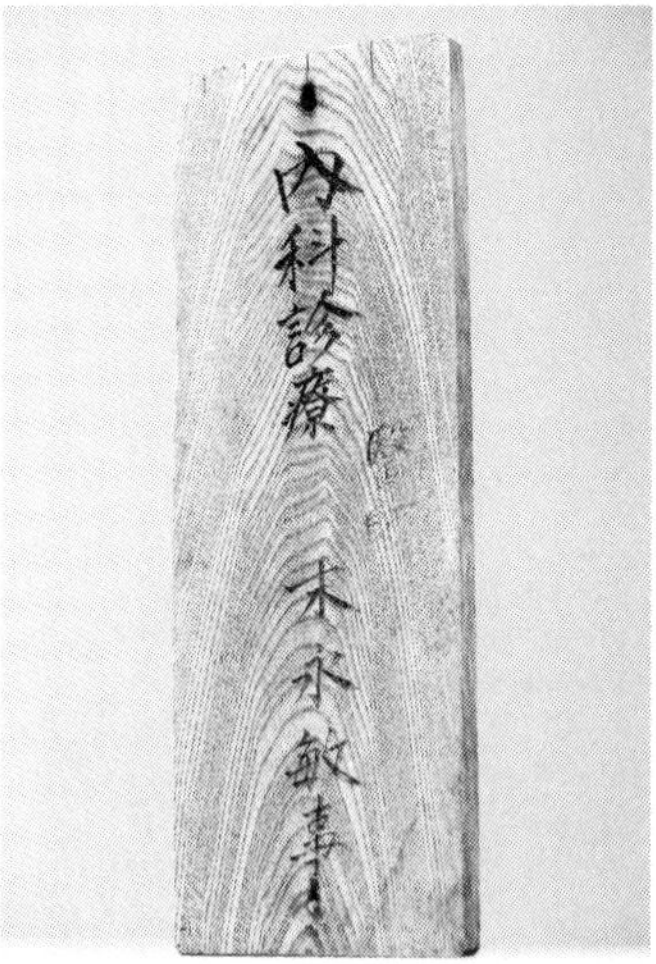

茨城県常陸太田市の佐川尚樹さんが保管していた末永敏事の内科医院の看板。縦36センチ、横13.5センチほどの小ぶりのヒノキ板だ＝長崎新聞社撮影

「祖父がクリスチャンだったかどうかは知らない。でも明治期にこんな田舎に生まれた男が、東京の青山学院に行った。もちろん家に財力があったという事情もあるだろうが、やっぱり勉強がしたかったんだろう。この末永さんも青山卒なんでしょう。二人にはそういう縁があったのかな。多分、東京時代に知り合いになったんじゃないのか。末永さんはわざ

わざ茨城のここまで来たんだから」

佐川恒次郎は一八八四年生まれ、敏事は一八八七年生まれ。ちなみにキリスト友会日本年会の大津光男氏によると、水戸のフレンド派伝教師亀山仙次郎も青山学院出身だという。亀山は一八八八年生まれ。佐川、敏事、亀山はほぼ同世代であり、いずれも青山学院を出ているとすれば、このあたりにも、敏事が縁のないはずの茨城県へ、そして人里離れた山間部へと居場所を求めていった事情のヒントがあるのかもしれない。

水戸市中心部から車で約一時間半。福島方向へ北進する国道三四九号と、太平洋岸へ抜ける国道四六一号が交差するあたりに佐川家はある。戦前の家屋は建て替わり、今は残っていない。でも、看板は残っていた。

結局、敏事はここにも長くとどまることなく去った。そして一九三八（昭和一三）年、茨城県特高に逮捕される。

やぎのおじさん

当時の茨城県内の思想監視の様子をうかがうことができる記述を、宣教師ハーバート・ニコルソンが書き残している。

日本軍の中国侵略戦争が深入りするようになると、私はアメリカのスパイではないかと、疑いの目で見られるようになりました。一月に一度は、二人の平服の男が警察から来て、私が満州事変や中国侵略についてどのような考えを持っているかを、しつこく聞きただすのでした。（略）私は、毎週「クリスチャン・センチュリー」という雑誌を受け取っていました。（略）この雑誌を持って、私はよく牧師会に行くのでした。牧師たちはそこに書いてあることを信じようとしませんでした。あるとき、牧師宅にあったこの雑誌の一冊を警官が見つけて、彼を調査のため連行していったことがあります。（略）今までは、乗物にのると、周囲の人たちはいつも、親しそうに話し掛けてきたものです。ところがこんどは、バスに乗ると、だれひとりとして私の顔をまともに見ようとしません。乗客は一様に視線を落とし、こわがっているようです。（『やぎのおじさん行状記　キリストの愛の軌跡』ハーバート・ニコルソン著・湖浜馨訳、ＣＬＣ暮しの光社、一九七四年）

同書によれば、ニコルソンは、全国伝道で立ち寄った賀川豊彦に協力し、その世話をしている。水戸のフレンド派伝教師で「友」発行人の亀山仙次郎とは無論旧知である。

敏事は一九三五（昭和一〇）年、「友」に投稿し、三七年に茨城県内で開業。翌年には賀川豊彦の紹介で同県鹿島の結核療養施設に医師として入った。だが、「日中戦争は侵略」などと反軍言動を繰り返した末、勤務上の「軍務」を拒否して逮捕された。

先にキリスト友会日本年会の大津光男氏が指摘していた通り、ニコルソンと交流があったという記録はないが、少なくとも当時、茨城県にあって当局に監視され、圧迫を受けていた人たちの中に敏事もニコルソンも亀山もいたと考えてもいいだろう。あるいは、そこで敏事と賀川の関係も生まれたのかもしれない。

大津氏は一九四〇年生まれ。高校二年だった一九五七（昭和三二）年から水戸市でニコルソンの秘書的な手伝いをする代わりに、夫人から英語を習うという生活を続け、親しく付き合った。

大津氏によれば戦前、ニコルソンは治安当局につきまとわれた。また、絶対平和主義を掲げるフレンド派の会報「友」は当局から何度も発禁処分に遭い、亀山を苦しめ、結局は発行を停止した。

一九四〇年、亀山仙次郎はフレンド派を去った。ニコルソンも日米開戦を前に一時帰国に追い込まれた。

終戦直後、窮乏する日本国民への救援として米国から「ララ物資」と呼ばれる食糧・衣類・医薬品などが提供された。ニコルソンは日本に戻るに際し、このララ物資の中で大量のヤギを運ぶ取り組みで中心的な役割を果たし、以来、「やぎのおじさん」として名を知られるようになった。

母と暮せば

映画「母と暮せば」（二〇一五年）は、長崎原爆で死んだ医学生が亡霊となって母の前に現れるという設定の山田洋次監督作品だ。

その中で、二宮和也さん演じる医学生が生前、憲兵隊に捕まり、それに怒った母（吉永小百合さん）が直談判し取り戻してきたというエピソードが語られる。

これは土山秀夫・元長崎大学長（九一歳）が山田監督、吉永さん、二宮さんと会った際、直接語った土山家の体験が基になっている。

土山氏の次兄は、在学中だった長崎医科大付属医学専門部の運動会をカメラで撮影した中の一枚に、高射砲陣地がある丘が写っていたとして憲兵に連行された。「スパイ容疑」だったという。

土山秀夫さん＝長崎新聞社撮影

土山氏の母は「お母さんが連れ戻す」と長崎要塞《ようさい》司令部へ一人で乗り込み、出くわした司令官に直談判。感心した司令官は釈放を許した。

映画では、釈放された帰路、母と息子は食堂に寄り、ちゃんぽんを食べたという思い出話になっているが、その日、土山家で実際に起きたことは少し違う。

「確かに母は兄を連れて帰ってきた。でも玄関に入ると、へなへなとうずくまり、動けなくなってしまった。兄はしょんぼりしていました。ほんとうに世の中の皆が憲兵隊を恐れていたんです」

当時、土山氏は旧制中学生だった。一四、一五歳ごろから特別高等警察や憲兵隊というものがあると認識するようになっていた。「共産主義者はアカと呼ばれ、国家を壊す恐ろしいものと教え込まれた。そのアカを取り締まる特高も恐ろしい存在。共産主義にも特高にも憲兵隊にも近づかんほうがいいと皆が思っていた」

ところが、その取り締まりが突然わが家にやってきたのだ。「恐怖を実感しました。摘発なんて新聞記事の世界の話だと思っていた。もちろん兄は共産主義者でもスパイでもない。憲兵は抜き打ちに写真店を訪れ、店内のネガを全部見ていたらしい。そこで兄が撮ったものが引っ掛かった。それも丘の端っこが写っていただけですよ」

医師として公然と反戦を唱え、拘束された末永敏事の行動には、「戦前の状況を考えると、常人のなし得ないこと。それを貫いたことに敬意を持つ」と話す。

一九四三（昭和一八）年、土山氏も兄と同じ医専に進み、戦時の医学生となった。思想統制と社会の窮乏を見詰め、今も明確に記憶している。

日本の思想弾圧の中心法令となった治安維持法が制定された一九二五（大正一四）年生まれの土山氏は、同法が廃止される一九四五年までの二〇年間を生きた。成長し、世の中が見えてくるに従い、閉塞感《へいそく》を知り、あきらめを知った。それはどこを見ても目隠しされ、何を話すのもはばかられる息の詰まるような日々だった。

資料館

もう戦時の思想弾圧の時代を身をもって知る国民は少ない。土山氏は医学生として、それを敗戦まで見届けた。

土山氏には、民主主義の日本が、あるいは今の日本人がそんなばかなことをするはずがない、と皆が思っているように見える。「でも、そうでしょうか。若い人に歴史を学んでほしい」と話す。

国家を転覆させる危険な団体を取り締まる法ができ、取り締まりを実行する特別高等警察ができ、摘発に精励した。官僚はもっと法を強化する必要があると言い、現場はもっと厳しく摘発する必要があると言い、そこに軍の憲兵隊も加わった。

早晩その圧力は普通の国民の暮らしにも及び、社会は暗黒化した。「考えられないことだが、そこまで行った」。そこに土山氏は、官僚組織や現場の警察官がせかされ、競い合う「功名心」を見る。

「組織も現場も職務に全力を挙げ、『天網恢々《かいかい》疎にして漏らさず』を本気で目指したのだと思う」。思想弾圧は過ぎ去った時代の遺物であるはずだが、目的遂行のため成果を求め、誰も止められないまま組織丸ごと脱線していく図式なら現代でもあるし、現在の国家にその危惧を感

岡まさはる記念長崎平和資料館（長崎市）＝長崎新聞社撮影

じている国民も多くいるだろう。

長崎市の岡まさはる記念長崎平和資料館は、二〇一六年から「弾圧に抵抗し、戦争に反対した人たち」と題した常設展示を始めた。

岡正治（一九一八〜一九九四年）は牧師であり、長崎市議も務めながら、日本の加害責任を追及し、朝鮮人の原爆被爆者の救援などに力を注いだ。

その遺志を継ぎ開設された小さな資料館は、今も戦争と原爆の事実を、多くの写真や調査資料で生々しく告発している。

同資料館によると、二〇一五年の開設二〇年を機に、「加害責任追及の一方で、戦時に抵抗した人も記録していく」という課題を設け、検討に取り掛かった。髙實康稔《たかざねやすのり》理事長は「弾圧され、倒れた人たちを残していくことは岡氏の遺志でもあったが、これまで手を付けられずにいた。昨年から資料館の理事ら四人が研究と議論を重ね、展示内容を詰めてくれた」と話す。

展示スペースでは、治安維持法下で殺害された作家小林多喜二や政治家山本宣治、獄死した詩人尹東柱《ユンドンジュ》らと並び、北有馬村出身で戦時に反戦を訴えて死んだ末永敏事もパネルで紹介されている。

小林や山本ら比較的著名な弾圧犠牲者たちに関しては、それぞれの故郷や縁地で顕彰する活動が今も続いている。これまで埋もれていた敏事についても、古里長崎県でその生涯を伝えていこうとする小さな取り組みが始まった。

埋もれた側の一員として

日本にも戦時下抵抗はあって、体制を脅かす力は持ち得なかったが、軍部と政府は最後までその撲滅を真剣な懸案とし、果ては迷走もした。

末永敏事＝親族提供

このうち主要な宗教は戦争国家に恭順し、やがてキリスト教もその列に加わるが、そこに至る過程でさまざまの教派や個人が弾圧された。内村鑑三を仰いだ無教会主義信徒の末永敏事はここに属する。だが地味な事件を起こしたに過ぎない敏事は、だから忘れ去られた。

それでも敏事限りの特徴がある。日中開戦直後の一九三八（昭和一三）年、日本の行為を侵略と断じ、しかも国家総動員の手続きに従う形で、当局に向かって「反戦主義者」を名乗り、軍務を拒否した。結核研究の気鋭としての地位に全く執着しなかった点も、科学者として異彩を放つ。

彼は内村の思想を受け継ぐように、日本を愛したが国家に怒った。約一〇年を過ごした米国で日本人排斥に失望した一方、東洋人である自分の研究を認めてくれた公平さに対する敬意を捨てなかった。

軍国主義に走る日本を臆することなく指弾したのは、信仰に動機づけられていると考えられるが、他の内村門下生たちと強い連携で結ばれたようすは、あまり確認することができない。敏事は伝道者であるより科学者として輝いた。勇ましい闘士というより孤独な一信徒だった。寡黙ではあったが徹底的だった。だから屈しなかったが、そんな敏事を国家はいとも簡単に消し去った。

「内心の自由」「権力と国民」といった大切なテーマを考えるとき、敏事の生涯は多くの示唆を与えてくれる。

その周辺状況を考察するにつれ見えてくるのは、当局の暴走は大義名分をもって合法に始まり、国民は苦しめられるが迎合し、あるいは沈黙して、それが普通の社会になっていった過程だ。

皆が迎合し、雪崩を打ったときに、敏事が戦争に背を向けることができたのは、人一倍かたくなだったからなのかもしれない。一切の妥協を拒んだから、〝現実〟に対応できなかったのかもしれない。だが彼の正しさは早晩証明された。

政府・軍部に抗した人、あるいは日常を生きていたつもりが反国家とみなされた人が、恐らくは数十万人も拘束され、命を奪われた人も多い。弾圧に屈しなかった人の中には、死んで名を残した者もいる。弾圧を生き抜いた人は戦後復活し、戦時下抵抗者としてたたえられた。

一方で、犠牲者の大部分は孤独の中で命を落とし、光を当てられることもなかった。敏事は埋もれたまま、忘れられてしまった無数の人たちの一員だ。その生涯は今も断片しか分からない。でも彼は確かに生きていた。

名もなく消えていった人たちがまだいる。敏事はそれを教えてくれた。


（おわり）

「反戦主義者なる事通告申上げます」というフレーズは、ほんとうに末永敏事が述べた言葉なのかどうか分からない。

それは「特高月報」という戦前の治安当局の資料に記載されていた。敏事が茨城県知事宛に提出した文書に書かれていたのだという。要するに、捜査する側が被疑者の罪状を上部機関に報告するために作成した報告書の一部である。

だが筆者は、敏事の生きた断片を拾い集めてみて、彼ならいかにも使いそうな言葉遣いだと感じた。キリスト教を信じ、日本を愛し、師内村鑑三を慕い続けた人物らしい、窮屈すぎるほど大上段に構えた宣言に見える。あまりに構えすぎていて、やや滑稽にすら映る。だが痛切にストレートだ。音読すると印象的に響く。だからタイトルに使った。

明治時代に長崎県の島原半島にある北有馬村で生まれた敏事が実在したことは、少数の親戚たちしか記憶していなかった。

その生涯を掘り起こそうと二〇一四年、親戚たちが調査を始めた。その協力要請を受けた治安維持法犠牲者国家賠償要求同盟（中央本部・東京）が、敏事をめぐる事件が「特高月報」に記録されていることを突き止めた。

敏事の遠縁に当たる末永等さんと同同盟長崎県本部の力武晴紀さんが長崎新聞社を訪ねてきたのは二〇一六年一月。筆者にとって旧知の長崎大名誉教授、髙實康稔さんが二人を連れてきた。

敏事は誰にも知られず、歴史の彼方に埋もれ、戦後七〇年が過ぎた。長崎新聞も一度として彼を記事にしたことはなかった。だから、末永さんらに応対した筆者は当初、事情をのみ込めなかった。示された資料を読んで、これは重要な人物かもしれないと感じた。でも、あまりに昔の話だと思い逡巡した。結核医学、キリスト教、治安維持法……。どれも筆者には縁のない題材だった。

しばらくは手を付けず、迷っていた。どうしたらいいのか正直よく分からなかった。末永さんの「生きていたことぐらいは記録したい」という言葉は、なるほどその通りだと同意していた。そこで、今ある材料の裏付けが取れるかどうかという作業まではやってみることにした。

首を突っ込んでみたら、労せずしていくつもの情報を得ることができた。

国立国会図書館に照会してみると、末永敏事名の医学論文が現存していた。日本結核病学会を通じ、結核医療史に詳しい島尾忠男・元結核予防会会長に論文を読んでもらえないか依頼し、返答を待った。

同じころ、末永等さんに連れられて、敏事の生まれ故郷北有馬地区（現在の長崎県南島原市内）を訪ね、柴田省三さんという男性に会った。元旧北有馬町長で九五歳の柴田さんは、子どものころに遭遇したことのある一風変わった男性医師を覚えていた。

「あそこは医家ですもんね」「子どもだったから、話をしたことはない」「こんな田舎で毎日背広を着ていた。珍しいですよ」「自分には外国人みたいに見えていました」

敏事が北有馬村で開業していた事実を知る生き証人である。そもそも半信半疑だった筆者だが、柴田さんが語る八〇数年前の思い出話を聞きながら、その男は実在だと初めて確信した。「実在なら、生きた痕跡がもっとあるのかもしれない」と気持ちが高揚した。

論文を読んでくれた島尾忠男さんから返答が来た。

「驚異的だ」と島尾さんは言った。論文は一九一〇〜二〇年代、米国の医学専門誌に連続して掲載されたものだと知らされた。死の病だった結核の診断技術と治療法をめぐる大競争時代に、日本人医学者が国際舞台で論文を発表していたという事実は、従来の歴史には書かれていない。日本人のパイオニアと呼んでいい――というのが、島尾さんの評価だった。

内村鑑三研究で知られる鈴木範久・立教大名誉教授にも取材した。島尾さん同様、いきなり連絡して、取材への協力を求めた。驚くべきことに鈴木さんは「末永敏事」をもともと知っていた。

内村の一九一〇年代以降の書簡や日記などに敏事の消息が何度も書かれていたのだ。だが、そこには敏事が国際的な結核医学者であったこと、後年に思想犯とされ摘発されたことは書かれていない。鈴木さんは、敏事を内村の在米門下生の一人として認識していたのだった。

鈴木さんは「久しぶりに興奮しました」と言った。そして、あっという間に、一九〇〇年代から三〇年代に至る敏事の足跡に関する多くの関連文献を見つけ出し、それらの情報を提供してくれた。

筆者は一月に端緒を得て、しばらく逡巡したのち、取材を始めてみると驚愕の連続で、三月ごろには「これは記事にできる」という気持ちになっていた。少なくとも、郷土出身の埋もれた傑物がいたことだけは記録しなければならないと思った。

治安維持法や特高警察史に関する多くの研究がある荻野富士夫・小樽商科大特任教授は、末永敏事の存在を「見落としていた」と言った。しかしそれ以降強い関心を持って、重要な情報と助言をいくつももたらしてくれた。治安維持法犠牲者国家賠償要求同盟の藤田廣登さんにも多くの取材協力を受けた。おかげで筆者は、治安維持法下の思想弾圧、その中での宗教弾圧の位置付けや変遷を知った。荻野さんや藤田さんと議論する機会を得ていなければ、筆者はこの分野に足を踏み入れる方法すら分からなかったと思う。

雨宮栄一・中部学院大名誉教授は、牧師でありながらキリスト教会の戦争責任を厳しく総括した。戦後七〇年を経てなお痛切なその問題意識に敬意を持った。

こんな経過を経て、長崎新聞に連載を始めたのは二〇一六年六月。その前月、長崎大附属図書館医学分館の志波原智美さんが敏事の肖像写真を見つけ出してくれて、今まで見たことがなかった彼の顔を初めて知ることができた。この知らせを末永等さんは声を詰まらせて喜んでくれた。それだけでも、この取材に手を付けた甲斐があったという気持ちになった。

大正元年二五歳の敏事は、なかなかの男前だった。それまで顔が分からない前提で、全く未知の人物を描いていく筋立てで連載の構想を組み立てていた。ところが顔写真の効果とは不思議なもので、本人の姿が見えてしまうと、今度はその人相や表情から意思というか雰囲気のようなものが伝わってきて、これから書いていくストーリーにある種の輪郭を与えられたような気がした。

連載の目的は、末永敏事という人物が実在したと記録することだった。その結果として言論統制、思想弾圧というテーマにも向き合うことになった。これを現代に照らして書く必要があると考えた。

取材を始めたころ筆者は、後に新聞連載で書いた筋書きとは違う構想を思い描いていた。市井の医師が断固として反戦を唱え、国家に抹殺されたのであれば、普通の市民と思想弾圧の一例をくっきりと描けると考えたのだ。戦時の国民がいかに自由を奪われ、しかし抵抗したか——を、一市民の姿を通じて考察できるのではないかと想像していた。

しかし、取材が進むにつれ、敏事はいわゆる「普通の市民」ではないと知った。結核医学の国際舞台に躍り出た気鋭であり、キリスト教思想家内村鑑三の有力な弟子であり、反軍反戦の思想もその信仰に由来するものだった。どう見ても彼は傑出した、そして強烈な人物だった。

筆者は当初の計画を変更し、ある信仰者の戦時下抵抗として描くことにした。だが宗教弾圧に限定して書くと、これも全体説明の欠落が生じることに気づいた。そこで再び方針転換して、治安維持法の出発点から語り始めてみることにした。

無論、治安維持法にも前史があって、治安維持法が思想弾圧のすべてではない。ただ、この法律が制定された一九二五年から敗戦までの二〇年は、一九二五年ごろ米国から帰国し一九四五年に死亡するまでの敏事が生きた二〇年と、ぴったり重なる。この時代を考察すれば、敏事が身を置いた社会情勢を端的に説明できるのではないかと考えた。

すると当然、共産党に対する弾圧にも触れることになった。筆者がこの題材を宗教弾圧として認識していた時点では、共産党の問題にさほど関心を払っていなかった。しかし大弾圧によって共産党が壊滅させられたからこそ、標的を失った治安機関は労働組合、学生、自由主義、宗教、右翼などに監視を拡大させ、ついには全国民が監視されて当たり前という異常な社会が出来上がった。その経過を追ううえで、共産党つぶしは無視することのできない重要な歴史だと遅ればせながら気づいた。

そして、治安維持法違反で摘発され、戦後七〇年を経て健在の被害者の方たちに直接取材する機会を得ることもできた。これは得難い取材だった。

治安維持法被害者の証言は生々しく、突然暮らしを壊された市井の人々の体験談に衝撃を受けた。それを語ることができる人は若くても九〇歳代であり、より過酷な体験をした人は一〇

○歳を越えている。この人たちの話を聞くために残された時間はもう長くない。眼前で語られるおぞましい体験談に戦慄すべきなのか、貴重な取材ができている価値をかみしめるべきなのか、それらが入り交じり、複雑な気持ちでその場にいた。

はからずも筆者は取材開始時点の問題設定に舞い戻っていることに気づいた。それは、普通の国民がいかに戦争に巻き込まれ、しかし抵抗したか——という問題設定である。筆者はその実例を、当事者の証言で教えられることになった。

地方紙記者にとって一つの題材を三カ月も四カ月も取材するのは相当長い準備期間であって、自分としては満を持して連載を開始したつもりだった。だが早晩、自転車操業に追い込まれた。並行して取材を進めるに従い、連載の前半と後半で事実関係の矛盾が生じたり、新事実を把握したために物語の時系列を崩して過去に戻ったりと、何度も脂汗をかく羽目になった。ただ、それが苦しかったかと言えば、全くそんなことはなかった。二〇一六年六月から一〇月まで七八回の連載が終了した時点でも、ほとんど疲れていなかった。

今まで埋もれていた人物の発掘だから、取材結果の多くは筆者にとって新発見だった。新しい何かを見つけた興奮を読者に伝えようという連載記事になった。一〇〇年前の出来事を取材する過程で、主人公の人生を追体験しているような不思議な感覚にとらわれた。まるで〝旅〟をしているような感覚だった。未知の対象をあてなく探訪して、知らないことを教えてもらい、その事実に驚き、そのたびに「会ったこともない人物の生涯を今、自分は旅している」と感じた。

そう考えると、大昔のように感じていた思想弾圧の時代が、ごく近い過去のように思えてきた。その時代を現代からのぞき込んでみると、分かることがある。おそらく言論統制は、国家権力の暴走によって起きるという認識だけでは足りない。国民にとってある程度説得力のあるように見える大義名分をもって、まったく合法に始まり、それに国民は納得し、迎合し、やがて沈黙していく。それが七〇年八〇年前という私たちにとって近い過去に実際にあった。

取材の過程では、口の重い人が少なからずいた。敏事と縁続きの人の中には「親類に思想犯がいたことを知られるのは複雑な気持ちだ」といった反応をした方もいた。現代でも大っぴらに語ることがはばかられるのが「思想犯」なのだと実感した。ここでも、思想弾圧の時代は決して遠い過去ではないことを思い知らされた。敏事が埋もれてしまったのは、そういう背景もあるのだろう。

敏事は傑出した医学者であったけれども、死後七〇年消されていた。その周辺には著名な宗教家や医学者や経済人がいたにもかかわらず、敏事だけは忘れ去られた。結果として彼は、戦時下抵抗のヒーローとしてではなく、無数にいた市井の一人として描くのがふさわしい人物になった。敏事の生涯は、未解明の空白が多く残っている。だからこれからも取材を続けていく。東京や茨城やシカゴやシンシナティといった場所にまだ埋もれた資料があるかもしれない。あるいは生まれ故郷の島原半島に証言者がいるかもしれない。

本書の編集途中だった二〇一七年六月、改正組織犯罪処罰法が成立した。改正法で新設される「テロ等準備罪」は、犯罪を計画段階で処罰する共謀罪の流れをくむ。「現代の治安維持法」と呼ばれる共謀罪が形を変えて出現したのだとすれば、では、これが何の始まりなのかを考えていく必要がある。近い過去の失敗をもう一度考える必要がある。

参考文献

『ある平和主義者の回想』中川晶輝　新教出版社　二〇〇二年
『医学者たちの一五〇年——名門医家四代の記』三浦義彰　平凡社　一九九六年
『医師会書類　明治四十年旧十二月　磯野医院』生駒輝彦所蔵
『内村鑑三』鈴木範久　岩波新書　二〇一二年第四刷
『内村鑑三日録12　1925～1930　万物の復興』鈴木範久　教文館　一九九九年
『賀川豊彦』隅谷三喜男　岩波現代文庫　二〇一一年
『北有馬町史　ふるさと再発見』北有馬町教育委員会編集　北有馬町発行　一九九三年
『暗い谷間の賀川豊彦』雨宮栄一　新教出版社　二〇〇六年
『京浜在住山梨県人紳士録』山梨県人社　一九二九年
『甲州人材論』山梨協会　一九三〇年
『小林多喜二——21世紀にどう読むか』ノーマ・フィールド　岩波新書　二〇一四年第六刷
『小林多喜二とその盟友たち』藤田廣登　学習の友社　二〇〇七年
『島原人物誌』長崎県教育会南高来郡部会　一九〇九年
『宗教弾圧を語る』小池健治、西川重則、村上重良編　岩波新書　一九七八年
『信教自由の事件史——日本のキリスト教をめぐって』鈴木範久　オリエンス宗教研究所　二〇一〇年

『青春の賀川豊彦』雨宮栄一　新教出版社　二〇〇三年
『戦時下抵抗の研究』Ⅰ、Ⅱ　同志社大学人文科学研究所・キリスト教社会問題研究会編　みすず書房　一九六八、六九年
『戦時下のキリスト教運動』全三巻　同志社大学人文科学研究所・キリスト教社会問題研究会編　新教出版社　一九七二～七三年
『「大東亜共栄圏」の思想』栄沢幸二　講談社現代新書　一九九五年
『治安維持法――なぜ政党政治は「悪法」を生んだか』中澤俊輔　中公新書　二〇一二年
『治安維持法関係資料集』全四巻　荻野富士夫編　新日本出版社　一九九六年
『治安維持法体制下の弾圧（Ⅰ）虐殺――国家権力の犯罪』治安維持法犠牲者国家賠償要求同盟　二〇一一年
『治安維持法体制下の弾圧（Ⅱ）獄死者――国家権力の犯罪』（補訂版）治安維持法犠牲者国家賠償要求同盟　二〇一五年
『治安維持法と現代』№33――二〇一七年春季号　治安維持法犠牲者国家賠償要求同盟
『父の遺言――戦争は人間を「狂気」にする』伊東秀子　花伝社　二〇一六年
『特高警察』荻野富士夫　岩波新書　二〇一二年
『鳥が渡るとき』力石空山（冊子）
『長崎医科大学潰滅の日――救いがたい選択〝原爆投下〟』小路敏彦　丸ノ内出版　一九九五年
『七十年史　日本郵船株式会社』日本郵船株式会社　一九五六年
『日本郵船株式会社五十年史』日本郵船株式会社　一九三五年

『日本郵船株式会社百年史』日本経営史研究所編　日本郵船発行　一九八八年
『低き生活高き思念――故布施常松氏の追憶』松田英二編　独立堂書房　一九三七年
『非常時国民生活様式ニ関スル決定事項』（復刻版）国民精神総動員中央連盟ほか　一九三八年（パンフレット）
『ヒトラーに抵抗した人々――反ナチ市民の抵抗とは何か』對馬達雄　岩波新書　二〇一五年
『不二越五十年史』不二越五十年史編集委員会　一九七八年
『不二越二十五年史』不二越鋼材工業　一九五三年
婦人之友社『婦人之友』の多くのバックナンバー
『炎は消えない　長崎県の治安維持法犠牲者』治安維持法犠牲者国家賠償要求同盟長崎県本部　二〇一五年（冊子）
『貧しい人びとと賀川豊彦』雨宮栄一　新教出版社　二〇〇五年
『未完の戦時下抵抗　屈せざる人びとの軌跡』田中伸尚　岩波書店　二〇一四年
『道をひらく――内村鑑三のことば』鈴木範久　ＮＨＫ出版　二〇一四年
『南方熊楠全集』8、10　平凡社　一九七二、七三年
『南方熊楠全集』別巻1、2　平凡社　一九七四、七五年
『南方熊楠珍事評論』長谷川興蔵、武内善信校訂　平凡社　一九九六年
『無教会キリスト教信仰を生きた人びと――内村鑑三の系譜』無教会史研究会編　新地書房　一九八四年
『メヒコと日本人――第三世界で考える』石田雄　東京大学出版会　一九七三年
『山宣』第二二号　宇治山宣会　二〇一六年

『山梨十一月号　在京名士百人集』山梨協会　一九二九年
『山梨人事興信録』甲府興信所　一九二八年
『闇があるから光がある――新時代を拓く小林多喜二』荻野富士夫編著　学習の友社　二〇一四年
『余は如何にして基督信徒となりし乎』内村鑑三著・鈴木俊郎訳　岩波文庫　二〇一五年第七八刷
『若者たちへの伝言――戦中戦後を貫く階級的労働組合の赤い糸』杉浦正男　杉浦正男さんの本を出版する会　一九九六年
『若者は嵐に負けない――戦時下印刷出版労働者の抵抗』杉浦正男　学習の友社　一九八一年
『私の履歴書　第10集』日本経済新聞社　一九六〇年
『〝我らのやません〟と東京　山本宣治――反戦平和を貫いた生涯』東京山宣会　二〇一六年

あとがき

今回の取材で知った事実の大半は証言者や研究者によってもたらされました。各分野の先行した調査と研究に敬意を表します。さらに、その先行者の皆さまは筆者の突然の問題提起に対し、新たな探求心を持って数々の次なる事実を発掘してくれました。

「取材経緯」（二一二頁）の中で紹介した方たち以外にも、末永次利さん、高木謙次さん、村上民さん、冨山章一さんらが提供してくれた成果に何度も驚愕しました。埋もれた末永敏事を発掘する手掛かりになるはずだった故井村正治さんの二〇〇八年の手紙を長崎新聞社は放置し、生かせませんでした。筆者は二〇一六年春、次男修治さんに会い、謝罪しました。修治さんは筆者の取材に渾身の協力をしてくれました。

被抑圧者、少数者の生きざまに共感を持って寄り添う著述者ノーマ・フィールドさん（シカゴ大名誉教授）とは一度もお会いしたことがありません。でも縁あって連載期間中、毎日の記事を米国へメールで送り、それに対して鋭い、そして温かい激励と、取材を方向づける示唆を何度もいただきました。茨城県取材では、地元・茨城新聞社の菊池克幸前編集局長に多大な協力をいただきました。末永敏事の地元・長崎県南島原市では末永正之さん、末永透さんらの手厚い応援に感激しました。

振り返れば筆者は、寄せてもらった情報を整理し、古い順に並べただけのように思えます。もちろん、それらの取材結果を自らの問題意識に従って組み立てるのが新聞記者の役目ですし、それを目指しました。しかし一方で、過去を探訪する醍醐味とは、埋もれた情報の断片に行き着いた瞬間の興奮ではないかと、この取材をしてみて思いました。

光栄にも連載記事は、二〇一六年度平和・協同ジャーナリスト基金賞奨励賞をいただきました。おかげで末永敏事を長崎県外にも広く知ってもらうことができました。この場を借りて主催者に感謝します。本書の出版を引き受けてくれた花伝社の平田勝社長と、本連載を平田社長に推薦してくれた北海道の伊東秀子弁護士に感謝します。刊行に際し、親身の助言を与えてくれた林克行さん、太田昌克さん、西出勇志さん、花伝社の山口侑紀さんに感謝します。新聞連載時点での記事の傷を修正し、その後の取材内容を追加できたという点でも、刊行はありがたい機会となりました。

書籍化が決まる直前の去る四月七日、筆者に末永敏事という人物を知る端緒を与えてくれた高實康稔・長崎大名誉教授が七七歳で死去されました。

二〇一六年一月八日、長崎新聞社を訪ねてきた高實先生は、同行してきた末永敏事の親類の方を筆者に紹介し、難しい案件だと思うが、あなたなら何とかしてくれるかもしれないと思って来た、と言いました。普通に考えればお世辞ですが、そんな白々しいことを言う人ではないと筆者は知っていました。髙實先生は筆者が歴史関係の仕事が得意な記者ではないと承知のうえで、それでも筆者にそれを求めているのだと受け止めました。「でもあなたは本業があるんだから、無理まではしなくていいんですよ」とも言われ、静かに見守っていただきました。刊行をお伝えできなかったのが痛恨です。先生にあらためて心からの御礼を申し上げます。

二〇一七年五月

森永　玲

森永　玲（もりなが・りょう）

長崎新聞記者。1964年長崎県佐世保市生まれ。1988年長崎新聞社入社。報道部、対馬支局、佐世保支社などを経て2009年報道部長。2016年から編集局長。共著に『本島等の思想　原爆・戦争・ヒューマニズム』（長崎新聞社、2012年）など。

「反戦主義者なる事通告申上げます」——反軍を唱えて消えた結核医・末永敏事

2017年7月25日　初版第1刷発行

著者 ——— 森永　玲
発行者 ——— 平田　勝
発行 ——— 花伝社
発売 ——— 共栄書房
〒101-0065　東京都千代田区西神田2-5-11 出版輸送ビル2F
電話　03-3263-3813
FAX　03-3239-8272
E-mail　kadensha@muf.biglobe.ne.jp
URL　http://kadensha.net
振替　00140-6-59661
装幀 ——— 黒瀬章夫（ナカグログラフ）
印刷・製本 ——— 中央精版印刷株式会社
カバー写真 ——— 長崎大学附属図書館医学分館所蔵

ISBN978-4-7634-0825-9 C0021